人文社科
高校学术研究论著丛刊

信息化背景下高校英语混合式教学模式探索与应用

康洁平 著

中国书籍出版社
China Book Press

图书在版编目(CIP)数据

信息化背景下高校英语混合式教学模式探索与应用 / 康洁平著. --北京：中国书籍出版社，2020.11
ISBN 978-7-5068-8127-2

Ⅰ.①信… Ⅱ.①康… Ⅲ.①英语－教学模式－教学研究－高等学校 Ⅳ.①H319.3

中国版本图书馆 CIP 数据核字(2020)第 226631 号

信息化背景下高校英语混合式教学模式探索与应用

康洁平　著

丛书策划	谭　鹏　武　斌
责任编辑	吴化强
责任印制	孙马飞　马　芝
封面设计	东方美迪
出版发行	中国书籍出版社
地　　址	北京市丰台区三路居路 97 号(邮编:100073)
电　　话	(010)52257143(总编室)　(010)52257140(发行部)
电子邮箱	eo@chinabp.com.cn
经　　销	全国新华书店
印　　厂	三河市德贤弘印务有限公司
开　　本	710 毫米×1000 毫米　1/16
字　　数	220 千字
印　　张	17
版　　次	2021 年 10 月第 1 版
印　　次	2021 年 10 月第 1 次印刷
书　　号	ISBN 978-7-5068-8127-2
定　　价	83.00 元

版权所有　翻印必究

目 录

第一章　高校英语教学概述 …………………………………… 1
　　第一节　高校英语教学的内涵解析 ………………………… 1
　　第二节　高校英语教学的理论基础 ………………………… 6
　　第三节　高校英语教学的原则与现状 ……………………… 30

第二章　信息化时代与高校英语教学的关系 ………………… 40
　　第一节　信息化时代对高校英语教学的深刻影响 ………… 40
　　第二节　信息化背景下高校英语教学的意义与目标 ……… 51
　　第三节　信息化背景下高校英语教学的优势与挑战 ……… 59

第三章　信息化背景下的高校英语混合式教学模式研究 …… 67
　　第一节　混合式教学与混合式学习 ………………………… 67
　　第二节　信息化背景下高校英语混合式教学的优势
　　　　　　与要素 ……………………………………………… 75
　　第三节　信息化背景下高校英语混合式教学的步骤
　　　　　　与策略 ……………………………………………… 82
　　第四节　信息化背景下高校英语混合式教学的具体
　　　　　　模式 ………………………………………………… 86

第四章　信息化背景下高校英语词汇与语法知识的混合式
　　　　教学 …………………………………………………… 101
　　第一节　信息化背景下高校英语词汇知识的混合式
　　　　　　教学 ………………………………………………… 101
　　第二节　信息化背景下高校英语语法知识的混合式
　　　　　　教学 ………………………………………………… 113

第五章　信息化背景下高校英语听说技能的混合式教学 …… 127
第一节　信息化背景下高校英语听力技能的混合式教学 …… 127
第二节　信息化背景下高校英语口语技能的混合式教学 …… 141

第六章　信息化背景下高校英语读写译技能的混合式教学 …… 151
第一节　信息化背景下高校英语阅读技能的混合式教学 …… 151
第二节　信息化背景下高校英语写作技能的混合式教学 …… 162
第三节　信息化背景下高校英语翻译技能的混合式教学 …… 170

第七章　信息化背景下高校英语文化知识的混合式教学 …… 184
第一节　文化及文化知识 …… 184
第二节　高校英语文化知识教学的原则 …… 217
第三节　信息化背景下高校英语文化知识的混合式教学策略 …… 219

第八章　信息化背景下高校英语混合式教学模式中的师生与评价 …… 221
第一节　信息化背景下高校英语混合式教学中教师的角色与专业能力 …… 221
第二节　信息化背景下高校英语混合式教学中学生的主体性与角色 …… 235
第三节　信息化背景下高校英语混合式教学中构建多元的评价体系 …… 239

参考文献 …… 254
总结 …… 265

第一章　高校英语教学概述

随着经济快速发展，国与国之间的交往日益紧密，英语已经成为人们广泛使用的一种语言。中国要想与他国交往，必然需要借助英语这一工具。因此，现如今人们对英语非常重视。在我国的高等教育中，高校英语教学的地位非常重要，当前的高校英语教学不仅用于传播英语知识，还承担着培养英语实用型人才的责任。本章作为开篇，首先对高校英语教学的内涵、理论基础、原则与现状展开分析。

第一节　高校英语教学的内涵解析

高校英语教学是我国高等教育的一门重要课程，而这门课程的内容与社会需要、国家需要、学生需要有着紧密的关系。对于高校英语教学的内涵，可以从多个层面来理解与把握。

一、英语教学的界定与作用

作为一项活动，教学贯穿整个人类社会的生产与发展过程中。也就是说，教学在原始社会就产生了，只不过原始社会将教学与生活本身视作一回事，并不是将教学视作独立的个体存在。但是，随着社会的不断发展，教学逐渐独立出来，成为一个单独的形态存在，并对人们的生产生活产生着重要的影响。由于角度不同，人们对教学概念的理解也不同，因此这里从常见的几个定义集中进行解释。

有人认为教学即教授。从汉字词源学上分析,"教"与"教学"有着不同的解释,但是从我国教育活动中,人们往往习惯从教师的角度对教学的概念进行解释,即将教学理解为"教",因此"教学论"其实就等同于"教论"。

有人认为教学即学生的学。有些学者从学生"学"的角度对教学进行界定,认为教学是学生基于教师的指导,对知识进行学习的过程,从而发展学生自身的技能,形成自身的品德。

有人认为教学即教师的教与学生的学。有人将教学视作教师的教与学生的学,即教师与学生将课程内容作为媒介,为了实现共同的目标,彼此共同参与到活动中。也就是说,教师不仅包含教,还包含学,教与学是同一过程的两个方面,彼此相辅相成、不可分割。教学的根本目的在于促进学生的进步和发展。因此,这一观点是对前面两个观点的超越。

有人认为教学即教师教学生学。对于这一观点,其主要强调的是教师指导学生"学习",即教师"教学生学",而不是简单的"教师教与学生学"这一并列的概念。也就是说,这一观点强调教师要教会学生学习,重视学生学习方法的传授等,让学生学会自主学习。

英语教学的作用有很多,可以概括为如下几点。

第一,英语教学是以有目的、有计划的组织形式进行知识经验的传授,这有助于教学活动保证良好的节奏与秩序,从而提升教学的效果。各项规章制度对教学行为进行规范,使教学活动更具有整齐性与系统性,避免随意与凌乱,最终使教学变成一个专业性极强的特殊活动。

第二,英语教学研究者考虑知识的构成规律,经过科学的选择,将内容按照逻辑循序编纂成教材,英语教师根据这样的教材进行教学,有助于学生认识世界,这要比学生自己选择知识更具有优越性。

第三,英语教学是教师在精心安排与引导的过程中进行的,其可以避免学生自身学习的困难,帮助他们解决具体的问题。同时,英语教师会选择最优的方式展开教学,这保证了学生学习的每一步都能顺利开展。

第四,英语教学不仅仅是为了传授知识,其要完成全方位的任务,既包含知识的获得、能力的提升,又包括个性特长的发展、品德的完善,这种全方位的发展只有通过英语教学才可以实现。

综上所述,可以将英语教学概括为:教师依据一定的英语教学目的与教学目标,在有计划的系统性的过程中,借助一定的方法和技术,以传授和掌握英语知识为基础,促进大学生整体素质发展的教与学相统一的教育活动。

二、高校英语教学的本质特点

(一)有目的、有计划的活动

高校英语教学具有计划性、目的性,主要是在于教师是为了让学生获得知识与技能,实现多层面的发展。在教学活动中,教师需要按照教学任务与教学目的,将课程内容作为媒介,通过各种方法、手段等引导学生进行交往与交流,促进学生的全面发展。

(二)具有系统性与计划性

教学的系统性主要体现在其制定者的工作中,如教育行政机构、教研部门和学校的教学管理者等的工作。高校英语教学的计划性指的是对英语基础知识的计划性教学,如大学英语语音、词汇、语法、写作、阅读等具体知识和技能的传递。

(三)教师教与学生学的统一活动

前面通过对教学的定义进行介绍可知,无论从哪个方面而言,人们都不能否认教学活动是"教"与"学"的过程,二者是相互制约、相互依赖的关系。在课堂中,教师的教离不开学生的学,学生的学自然也离不开教师的教,因此二者是同一过程的两个层面。正如王策三在《教学论稿》中所说:"所谓教学,乃是教师教、学生学的统一活动;在这一活动中,学生掌握自身需要的知识与技能,同时促进自己身心的发展。"

需要指明的是,高校英语教学并不是教与学的简单相加,而是教师指导学生学习的过程,是二者相统一、相结合的过程。要想保证教与学的统一,不能片面地强调只有教或者只有学,也不能片面地简单相加,而应该从学生自身的学习规律与身心发展特点出发,进行教与学的活动。从这一点来说,教师教学能否成功的关键是学生的学。

(四)教师与学生以课程内容作为媒介的活动

在教师教与学生学之间,课程内容充当中介与纽带的作用。师生围绕这一纽带开展教学活动。因此,大学英语课程内容是教学活动能否开展的必要条件。

(五)一种人际交往活动

高校英语教学的本质是人与人之间的交往,是一种重要的社会活动,其体现了一般的人际交往与语言交际的特征。这一交往活动就表现为师生之间围绕共同的目标、共同的话题展开对话与合作,从而使学生不断提升自身的表情达意能力,提高自身的文化意识与情感态度,促进自身学习策略的进步与发展。

(六)本质在于建构意义

高校英语教学活动的目的在于促进学生的全面发展,实际上这一目的实现的过程就是学生不断建构知识意义的过程,即学生对原有知识与经验进行重组,对新知识的意义加以建构的过程。在实际的学习中,学生只有将新旧知识的意义结合起来,才能真正地学好知识、掌握知识。

(七)需要采用合理的方法与技术

高校英语教学经过深厚的历史积淀,形成了大量有效的教学方法。现代科学技术,尤其是信息技术的发展,为高校英语教学提供了可以借助的多种教育技术。

三、高校英语教学的主要目的

(一)迎合社会发展趋势

在当今大时代背景下,国与国之间的交往日益频繁,这就要求高校学生应该努力学习语言与文化知识,获取语言与文化技能。世界是一个地球村,经济全球化使得交际呈现多样性,因此在高校英语教学中,教师除了让学生提升自身的语言能力,还应该提升自身的跨文化交际能力,应对交际中出现的各种变化。另外,随着多元社会的推进,要求交际者应该具备一定的合作能力与意识,无论是生活在什么文化背景中,都应该为社会的进步努力学习,树立自己的文化意识,用积极的心态去认识世界。可见,高校英语教学中的跨文化交际教学将英语的价值充分地体现出来,学生对跨文化交际知识的学习也与社会的发展相符,是中西文化交流不断推进的必由之路。

(二)实现素质教育的必然要求

现如今,我国对于素质教育非常推崇。作为一门基础课程,高校英语教学也是素质教育,乃至文化素质教育的重要项目。高校英语教学是实现素质教育的一个重要工具,也可以说是一个主要渠道。这是因为,高校英语教学除了知识传授外,还有文化素质与文化思维的培养,这与跨文化教学的要求有异曲同工之妙。因此,在教学中,教师必须将语言与文化的关系处理好,引入西方国家文化,汲取其中的有利成分,发扬我国的文化。

（三）发展学生的批判性思维

在新的时代背景下，高校英语教学应该不断培养学生的批判性思维，让学生对本国文化加以反思，然后采用多元文化的有利条件，对文化背后的现象进行假设，确立自己的个人文化观念。

（四）为学生创造学习异域文化的机会

当中西方两种文化进行接触与了解时，不可避免地会遇到碰撞的情况，并且很多时候也会感到不适应。因此，大学英语教师应该帮助学生避免这一点，让他们有更多的机会了解异域文化，提升自身的文化适应力。

第二节 高校英语教学的理论基础

高校英语教学实践的开展必然建立在一定的理论基础上。只有以合理的、科学的理论作为指导，高校英语教学实践才能顺利开展，才能真正的有理可循。具体来说，高校英语教学需要以语言本质理论、语言学习理论等作为指导，本节就对这些理论展开分析。

一、语言本质理论

高校英语教学的目的在于指导教师如何教授学生学好英语，其主要内容就是语言，因此必然会涉及人们如何认识语言的本质、如何认识语言活动。当前，很多学者从多个角度对语言本质理论展开研究，下面就对一些学者的观点进行分析。

(一)言语行为理论

奥斯汀(Austin)的言语行为理论首次将语言研究从传统的句法研究层面分离开来。奥斯汀从语言实际情况出发,分析语言的真正意义。言语行为理论主要是为了回答语言是如何用之于"行",而不是用之于"指"的问题,体现了"言"则"行"的语言观。奥斯汀首先对两类话语进行了区分:表述句(言有所述)和施为句(言有所为)。在之后的研究中,奥斯汀发现两种分类有些不成熟,还不够完善,并且缺乏可以区别两类话语的语言特征。于是,奥斯汀提出了"言语行为三分说",即一个人在说话时,在很多情况下,会同时实施三种行为:以言指事行为、以言行事行为和以言成事行为。

首先是表述句和施为句。

其一,表述句。以言指事,判断句子是真还是假,这是表述句的目的。通常,表述句是用于陈述、报道或者描述某个事件或者事物的。例如:

桂林山水甲天下。

He plays basketball every Sunday.

以上两个例子中,第一个是描述某个事件或事物的话语;第二个是报道某一事件或事物的话语。两个句子都表达了一个或真或假的命题。换句话说,不论它们所表达的意思是真还是假,它们所表达的命题均存在。但是,在特定语境中,表述句可能被认为是"隐性施为句"。

其二,施为句。以言行事是施为句的目的。判断句子的真假并不是施为句表达的重点。施为句可以分为显性施为句和隐性施为句。其中,显性施为句指含有施为动词的语句,而隐性施为句则指不含有施为动词的语句。例如:

I promise I'll pay you in five days.

I'll pay you in five days.

这两个句子均属于承诺句。它们的不同点是:第一个句子通过动词 promise 实现了显性承诺;而第二个句子在缺少显性施为动词的情况下实施了"隐性承诺"。

总结来说,施为句主要有如下几个特点。

第一,主语是发话者。

第二,谓语用一般现在时第一人称单数。

第三,说话过程包含非言语行为的实施。

第四,句子为肯定句式。

隐性施为句的上述特征并不明显,但能通过添加显性特征内容进行验证。例如:

学院成立庆典现在正式开始!

通过添加显性施为动词,可以转换成显性施为句:

(我)(宣布)学院成立庆典现在正式开始!

通常,显性施为句与隐性施为句所实施的行为与效果是相同的。

其次是言语行为三分法。指"话语"这一行为本身即以言指事行为。指"话语"实际实施的行为即以言行事行为。指"话语"所产生的后果或者取得的效果即以言成事行为。换句话说,发话者通过言语的表达,流露出真实的交际意图,一旦其真实意图被领会,就可能带来某种变化或者效果、影响等。

言语行为的特点是发话者通过说某句话或多句话,执行某个或多个行为,如陈述、道歉、命令、建议、提问和祝贺等行为。并且,这些行为的实现还可能给听者带来一些后果。因此,奥斯汀指出,发话者在说任何一句话的同时应完成三种行为:以言指事行为、以言行事行为和以言成事行为。例如:

我保证星期六带你去博物馆。

发话者发出"我保证星期六带你去博物馆"这一语言行为本身就是以言指事行为。以言指事本身并不构成言语交际,而是在实施以言指事行为的同时,也包含了以言行事行为,即许下了一个诺言"保证",甚至是以言成事行为,因为听话者相信发话者会兑现诺言,促使话语交际活动的成功。

(二)交际理论

1. 言语交际

语言是人们进行交际的重要因素之一。语言跨越了人们的心理、社会等层面,与之相关的领域也很多。对语言进行研究不仅是语言学的任务,也是心理学、社会学等学科的任务和内容。因此,语言与交际关系的研究具有明显的跨学科性。

人具有很多特征,如可以制作工具、可以直立行走、具有灵巧的双手等,但是最能够将人的本质特征反映出来的是人的语言。人之外的动物也可以通过各种符号来进行信息的传递,如海豚、蜜蜂等都可以传递信息,但是它们所传递的信息只能表达简单的意义,它们的"语言"是不具备语法规则的,也不具有语用的规则。

人们往往通过语言对外部世界进行认识与理解。语言具有分类的功能,通过分类,人们可以对事物有清晰的了解与把握。人们的词汇量越丰富,他们对外部世界的认识就越清晰、越精细。

(1)言语交际的过程

人们在进行言语交际的过程中,往往会存在一个信息取舍的过程。下面通过图 1-1 来表达言语交际的具体过程。

在图 1-1 中,A 代表的是人们生活的无限世界,B 代表的是人类的听觉、视觉、嗅觉、味觉、触觉这五种感官所能触碰到的部分,如眼睛可以触碰到光线的刺激。另外,当这些感官不能处理多个信息的时候,在抓住一方时必然会对另一方进行舍弃。不过,还存在一些不是凭借五感来处理的,而是通过思维和感觉的部分。例如,平行的感觉,时间经过的感觉就属于五感之外的感觉。人们在头脑中进行抽象化的思维,有时候与五感的联系不大。

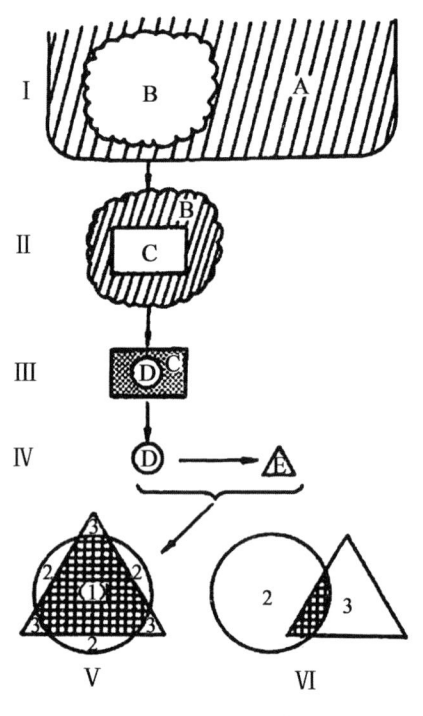

图 1-1　言语交际的过程

（资料来源：陈俊生、樊崴崴、钟华，2006）

C代表的是五感可以碰触的范围中个人想说、需要注意的部分。D代表的是个人注意的部分中用语言能够传达出来的部分，这里也具有一定的抽象性。例如，人的知觉是非常强大的，据说可以将700万种颜色识别出来。但是，与颜色相关的词汇并不多。就这一点来说，语言这一交际手段是相对贫弱的。同时，语言具有两级性，简单来说就是中间词较少。尤其是语言中有很多的反义词，如善—恶，是很难找到中间词的。我们这样想一下，我们通过打电话来告诉对方如何系鞋带，通过广播来教授舞蹈等。

E代表的是对方获取的信息，到了下面的第V阶段，是D和E的重叠，在重叠的部分，1是指代能够传递过去的部分，2与3是某些问题的部分，其中2是指代不能传递过去的部分，3是指代发话人虽然并未说出，但是听话人自己增加了意义。在跨文化交际过程中,由于不同人的世界观、价值观不同,因此完全有可能形成Ⅵ的状况。

总之,从图1-1中我们不难看出,从A到E下降的同时,形状的大小也在缩小,这就预示着信息量也在逐渐变小,这里面就融入了抽象的意义。在阶段Ⅰ中,人的身体如同一个过滤器;在阶段Ⅱ中,人的思维、精神等如同一个过滤器;到了阶段Ⅲ,语言就充当了过滤器。这样我们不难发现,言语交际不仅有它的长处,也具有了它的短处。为了更好地展开交际,就需要对言语交际的这一长处与短处有清楚的认识。

(2)言语交际的内容

在对跨文化交际影响的多个因素中,语言作为文化的重要表现,是跨文化交际的一大障碍。从萨丕尔—沃尔夫(Sapir-Whorf)假设中我们不难发现,语言是人们对社会现实进行理解的向导,对人们的感知和思维有着重要的影响。无论是何种语言,都有其独特的语音、词汇、语法、语言风格等。对一门外语进行学习,对其语言习惯与交际行为的了解有着十分重要的意义。

①言语调节。语言并不是一个简单的交流工具,语言不仅是文化的载体,它还是个人和群体特征的表现与象征。一般来说,能否说该群体的语言是判断这个人是否属于该群体的标志。同样,某些人都说同一语言或者同一方言,那么就可以很自然地认为他们都源自同样一种文化,他们在交流时也会使用该群体文化下的行为规范、价值观念、交际风格,因此也会让彼此感到非常的轻松。正因为所说的语言体现出发话人的身份,而且人们习惯于与说自己语言的人进行交流,因此学外语的热潮无论在国内还是国外都相对很高,人们都想得到更多群体的认同。不仅如此,语言还标志着一个民族的文化独立与主权,其对于一个民族而言是非常重要的。统一的语言是民族、群体间的粘合剂,其有助于促进民族的团结。更为有趣的一点是,人们对其他民族语言如此的崇尚,往往会产生爱屋及乌的想法,对说这种语言的外国人会不自觉地流露出亲近与欣喜之情。

语言具有的这种个人身份与凝聚力预示着言语调节的必然性。所谓言语调节,又可以称为"交际调节",即人们出于某种动机,对自己的语言与非语言行为进行调整,以求与交际对象建构所期望的社会距离。一般而言,发话人为了适应交际对象的接受能力,往往会迎合交际对象的需要与特点,对自己的停顿、语速、语音等进行稍微的调整。

常见的言语调节有妈妈言语、教师言语等,就是妈妈、教师等为了适应孩子或者学生的认知与知识水平而形成的一种简化语言。这属于一种趋同调节的现象,有助于更好地进行交流,达到更好的交流效果。当然,与趋同调节相对,还存在趋异调节,其主要目的是维持自己文化的鲜明特征与自尊,对自己的言语与非语言行为不做任何的调整,甚至夸大与交际对象的行为,这种现象的产生正是由于语言作为文化独立象征以及个人身份而造成的。或者说,趋异调节的产生可能是因为发话人不喜欢交际对象,或者为了让对方感受未经雕饰或者原汁原味的语言。总之,无论是趋同调节还是趋异调节,都彰显了发话人希望得到交际对象的认同,通过趋同调节,我们希望更好地接近对方;通过趋异调节,我们希望能够保持一定的距离。因此,理想的做法应该做到二者的结合,不仅要体现出自己向往与对方进行交际的愿望,还要保证一种健康的群体认同感。

需要指出的是,在影响言语调节的多个因素中,民族语言活力有着非常重要的影响作用。所谓民族语言活力,即某一语言的社会经济地位,以及说这种语言的分布情况与人数等。如果一种语言的活力大,那么对社会的影响力也较大,具有较广的普及率,政府与教育机构也会大力支持,人们也会更加青睐。这是因为,人们会将说这种语言的人与语言本身的活力相关联,认为这些人会具有较高的声望,所以愿意被这样的群体接受与认同。

在跨文化交际中,言语调节理论证明了跨文化交际与其他交际一样,不仅是为了交流信息与意义,更是一个个人身份协商与社会交往的过程。来自不同文化的交际双方在使用中介语进行交流时,还需要注意彼此的文化身份与语言水平,进行恰当的调节。

②交际风格。在言语交际中,交际风格是非常重要的层面。著名学者威廉·古迪孔斯特和斯特拉·廷图米(William Gudykunst & Stella Ting-Toomey)论述了四种不同的交际风格,即直接与间接的交际风格、详尽与简洁的交际风格、以个人为中心与以语境为中心的交际风格、情感型与工具型的交际风格。

第一,在表达意图、意思、欲望等的时候,有人会开门见山,有人却拐弯抹角;有人直截了当,有人却委婉含蓄。美国文化更注重精确,美国英语的运用在很大程度上与这一点相符。从词汇程度上来说,美国人常使用 certainly,absolutely 等这样意义明确的词汇。从语法、句法上来说,英语句子一般要求主谓宾齐全,结构要求完整,并且使用很多现实语法规则与虚拟语法规则。从篇章结构上来说,美国英语往往包含三部分:导言、主体与结论,每一段具有明确的中心思想,第一句往往是全段的主题句,使用连词进行连接,保证语义的连贯。与之相对的是中国、日本的语言,常用"可能""或许""大概"这些词,篇章结构较为松散,但是汉语中往往形散神不散,给人回味无穷的韵味。

英汉语言的差异,加上受个人主义与集体主义的影响,导致了英美人与中国人交际风格的差异。中国文化强调和谐性与一致性,因此在传达情感与态度以及对他人进行评论与批评时,往往比较委婉,喜欢通过暗示的手法来传达,这样为了避免难堪。如果交际双方都是中国人,双方就会理解,但是如果交际对象为英美人,就会让对方感到误解。从英美人的价值观标准上来说,坦率表达思想是诚实的表现,他们习惯明确地告知对方自己的想法,因此直接与间接的交际风格会出现碰撞。

第二,不同的交际风格有量的区别,即在交流时应该是言简意赅,还是详细具体,或者是介于二者间的交际风格。威廉·古迪孔斯特和斯特拉·廷图米在对其他学者的研究结果进行研究的基础上指出,中东的很多国家都属于详尽的交际风格,北欧和美国基本上属于不多不少的交际风格,中国、日本等亚洲国家属于简洁的交际风格。这是因为,阿拉伯语言本身具有夸张的特点,这使得阿拉伯人在交际中往往会使用夸张的语言来表达思想和决心。例如,客人在表达吃饱的时候,往往会多次重复"不能再吃了",并夹杂着"向上帝发誓"的话语,而主人对 no 的理解也不是停留在表面,而认为是同意。中国、日本作为简洁交际风格的代表,主要体现在对沉默、委婉的理解上。中国人认为"沉默是金",并认为说话的多少同地位有着密切的关系。一般来说,中国的父母、教师属于说教者,子女、学生属于听话者。美国文化中反对交际中的等级制,主张平等,因此子女与父母、学生与教师都享有平等的表达思想的机会。

第三,威廉·古迪孔斯特和斯特拉·廷图米提出了以个人为中心—以环境为中心的交际风格。以个人为中心的交际风格是采用一些语言手段,对个体身份加以强化;以环境为中心的交际风格是运用语言手段,对角色身份进行强化。这两种交际风格的差别在于,以环境为中心的交际风格是运用语言将社会等级顺序进行反映,将这种不对等的角色地位加以彰显;以个人为中心的交际风格是运用语言将平等的社会秩序加以反映,对对等的角色关系加以彰显。同样,在日语中,存在着很多的敬语和礼节,针对不同的交际对象、交际场合、角色关系等,会使用不同的词汇、句型,并且人际交往也非常的正式。如果是在一个非正式的场合,日本人往往会觉得不自在,在他们看来,语言运用必然与交际双方的角色有着密切的关系。与中国、日本的文化存在鲜明对照的是英语,英美文化推崇直率、平等与非正式,因此他们在使用语言进行交际时往往使用那些非正式的称呼或者敬语,这种交际风格表达是美国文化对民主自由的推崇。

第四,中西方交际风格的差异还体现在情感型—工具型的区别上。情感型的交际风格是以信息接收者作为导向,要求接收者具备一定的本能,对信息发出者的意图要善于猜测与领会,要能够明白发话人的弦外之音。另外,发话人在信息发送的过程中,要观察交际对方的反应,及时地改变自己的发话方式与内容。因此,这样的言语交际基本上是发话人与听话人之间信息与交际关系的协商过程。相比之下,工具型的交际风格是以信息发出者作为导向,根据明确的言语交际来实现交际的目标,发话人明确地阐释自己的意图,听话人就很容易理解发话人的言外之意,因此与情感型的交际风格相比,听话人的负担要轻很多。可见,工具型的交际风格是一种较为实用的交际风格。

显然,上述几种交际风格是相互关联与渗透的,它们是基于不同的文化价值观建立起来的,其中影响力最大的是集体主义与个人主义的差异,其在社会的各个领域都得以贯穿,并从很大程度上决定中西方文化的不同。

2. 非言语交际

言语交际是通过语言来展开交际的,而非言语交际是通过非言语交际行为展开交际的。非言语交际是言语交际的一种辅助手法,是往往被人们忽视的手法。但是,非言语交际在英汉交际中起着十分重要的作用,甚至有助于实现言语交际无法实现的效果。非言语交际包含多个层面,如体态语、副语言、客体语言等。

对于非言语交际行为,中外学者下了不少的定义,有的定义比较简单,如将非言语交际定义为不通过语言来传递的信息。有的定义比较具体,如非言语交际是不用言辞进行表达,被社会共知的人的行动与属性。这些行动和属性是由发出者有目的地发出或被看成有目的地发出、由接收者有意识地接受的过程,或者有可能地进行反馈,或者非言语交际行为是在一定的环境下,那些语言因素外的对发出者与接收者有价值的其他因素。这些因素可以是人为生成的,也可以是环境形成的。

(三)会话分析理论

要想了解会话含义,首先需要弄清楚什么是含义。从狭义上说,有人认为含义就是"会话含义",但是从广义角度上说,含义是各种隐含意义的总称。含义分为规约含义与会话含义。格赖斯认为,规约含义是对话语含义与某一特定结构间关系进行的强调,其往往基于话语的推导特性产生。

会话含义主要包含一般会话含义与特殊会话含义两类。前者指发话者在对合作原则某项准则遵守的基础上,其话语中所隐含的某一意义。例如:

(语境:A 和 B 是同学,正商量出去购物。)

A:I am out of money.

B:There is an ATM over there.

在 A 与 B 的对话中,A 提到自己没钱,而 B 回答取款机的地址,表面上看没有关系,但是从语境角度来考量,可以判定出 B 的意思是让 A 去取款机取钱。

特殊会话含义指在交际过程中,交际一方明显或者有意对合作原则中的某项原则进行违背,从而让对方自己推导出具体的含义。因此,这就要求对方有一定的语用基础。

提到会话含义,就必然提到合作原则,其是对会话含义的最好解释。合作原则包括下面四条准则。

其一,量准则,指在交际中,发话者所提供的信息应该与交际所需相符,不多不少。

其二,质准则,指保证话语的真实性。

其三,关系准则,指发话者所提供的信息必须与交际内容相关。

其四,方式准则,指发话者所讲的话要清楚明白。

二、语言学习理论

语言学习理论的形成和发展是建立在人们最初对儿童母语习得研究的基础上的。之后,人们开展了外语教学的研究,这方面的研究与语言学习理论有着密切的关系。

(一)行为主义学习理论

行为主义学习理论源自著名生理学家巴甫洛夫(Ivan Pavlov)的"条件反射"这一概念。受巴甫洛夫的影响,很多学者对行为主义理论展开分析和探讨,重要的学者主要有如下两位。

美国著名的心理学家华生((John Broadus Watson)创立了行为主义学习理论。20世纪初期,他提出了采用客观手段对那些可以直接观察到的行为进行研究与分析。在他看来,人与动物是一样的,任何复杂的行为都会受到外界因素的制约与影响,并往往需要通过学习才能将某一行为获得,当然在这之中,一个共同的因素——刺激与反应是必然存在的。基于此,华生提出了著名的"刺激—反应"理论,这一著名的行为主义心理学公式可以表示如下。

S-R,即 Stimulus-Response

美国学者斯金纳在华生行为主义学习理论的基础上进行了深入的研究与探讨。在斯金纳看来,人们的言语及言语中的内容往往会受到某些刺激,这些刺激可能来自内部的刺激,也可能来自外部的刺激。通过重复不断地刺激,会使得效果更为强化,使得人们学会合理利用语言相对应的形式。在这之中,"重复"是不可忽视的。

行为主义学习理论在实际教育中的应用普遍可见。例如,在课堂教学中,对于认真听讲的学生,教师会不吝表扬,这部分学生受到激励后会保持认真听讲的态度与行为,而不认真听讲的学生为了可以受到表扬,也会转变学习态度,认真听讲。事实上,让上课不认真的学生变得认真是教师表扬上课认真听讲学生的主要目的。

下面简要归纳行为主义学习理论的基本观点。

第一,学习是刺激与反应的联结。

第二,学生的学习过程是尝试错误的渐进过程。错误在学习中难免会出现,对此要正确看待。

第三,表扬、批评等强化手段是影响学习的重要因素。

(二)认知主义学习理论

认知主义学习理论认为,学习个体本身会对环境产生这样或那样的作用,大脑的活动过程能够向具体的信息加工过程转化。布鲁纳、苛勒、加涅和奥苏贝尔等是认知主义学习理论的主要代表人物。

人要在社会上生存,必然要与周围环境互相交换信息,作为认知主体的人也会与同类发生信息交换的关系。人是信息的寻求者、形成者和传递者,从一定意义上来讲,人的认识过程也就是信息加工的过程。

认知主义学习理论的基本观点,在外界刺激和人内部心理过程的相互作用下才形成了人的认识,而不是说只通过外界刺激就能形成人的认识。依据这个理论观点,可以这样解释学习过程,即学生从自己的兴趣、需要出发,将所学知识与已有经验利用起来对外界刺激提供的信息进行主动加工的过程。

从认知主义学习理论的基本观点来看,教师不能简单将知识灌输给学生,而要将学生的学习动机激发出来,对学生的学习兴趣进行培养,使学生能够将已有的认知结构和所要学的内容联系起来。学生的学习不再是被动消极的,而是主动选择与加工外界刺激提供的信息。

认知主义学习理论认为,影响学生学习的因素中,学生自身已有的认知结构具有非常重大的影响,在教学中应将教学内容、教学结构直观地展示给学生,让学生对各单元教学内容之间的相互关系有深入的了解。

(三)建构主义学习理论

建构主义学习理论认为个体与外部环境的交互作用使得知识得以产生,人们会从自己的已有经验出发来理解客观事物,每个人对知识都有自己的理解和判断。维果斯基、皮亚杰等是建构主义学习理论的主要代表人物。

建构主义学习理论认为,学生是在一定情境下,通过自己的主观参与,同时借助他人的帮助,通过意义建构的方式而获得知识的,而不是通过教师传授得到知识的。

建构主义教学理论要求教师在学生主动建构意义、获取知识的过程中起到帮助和促进的作用,而不是给学生简单灌输和传授知识。在教学过程中,教师首先要转变教育思想,改革教学模式。学生是在一定的学习环境下获取知识的,学生在获取知识的过程中需要主观努力,也需要他人帮助,而且也离不开相互协作的活动。建构主义学习理论要求有利于学生获取知识的学习环境应具备情境创设、协作、会话、意义建构等基本属性或要素。下面具体分析这四个基本要素。

1. 情境

学习环境中必须要有对学生意义建构有利的情境。在建构主义学习环境下,教师要基于对教学目标的分析与对学生建构意义的情境创设问题的考虑而设计教学过程,并在教学设计中把握好情境创设这个关键环节。

2. 协作

在学生的整个学习过程中都离不开协作,如学生搜集与分析学习资料、提出和验证假设、评价学习成果及最终建构意义等都需要不同形式的协作。

3. 会话

在协作过程中,会话这个环节是不可或缺的。学习小组要完成学习任务,必须先通过会话来商讨学习的策略。学习小组成员之间协作学习的过程也是相互不断会话的过程,在这个过程中,学生的学习资源包括智慧资源都是共享的。

4. 意义建构

学习过程的最终目标就是意义建构。建构的意义指的是事物的本质、原理以及事物与事物之间的内在联系。帮助学生在学习中建构意义,就是帮助学生深刻理解学习内容反映的事物的本质、原理及其与其他事物之间的内在联系。

(四)二语习得理论

除了对第一语言习得的关注,心理语言学对第二语言习得也非常注重。所谓第二语言习得,即人们的第二语言的形成与发展的过程,其与第二语言学习有所不同,各有侧重。

作为一门独立的学科,二语习得理论真正形成于20世纪70年代,该理论的主要代表人物是美国南加州大学语言学系的教授克拉申(S. Krashen)。克拉申是在总结自己和他人经验的基础上提出的这一理论。

1. 二语习得理论简述

二语习得理论于20世纪六七十年代形成,主要对二语习得的过程与本质进行研究,描述学生如何对第二语言进行获取与解释。对于这一理论的研究,学者克拉申(Krashen)做出了巨大贡献,并提出五大假设。

(1)习得—学得假说

所谓习得,指学生不自觉地、无意识地对语言进行学习的过程。所谓学得,即学生自觉地、有意识地对语言进行学习的过程。"习得"与"学得"的区别如表1-1所示。

表1-1 语言的习得与学得的不同

	习得	学得
侧重	自然输入	刻意地获得语言知识
形式	与儿童的第一语言习得类似	重视文法知识的学习
内容	知识是无形的	知识是有形的
学习过程	无意识的、自然的	有意识的、正式的

(资料来源:何广铿,2011)

(2)自然顺序假说

克拉申提出的这一假说主要强调语言结构的习得需要一定的顺序,即根据特定的顺序来习得语法规则与结构。当然,这也在第二语言习得中适用。例如,克拉申常引用的词素习得顺序如图1-2所示。

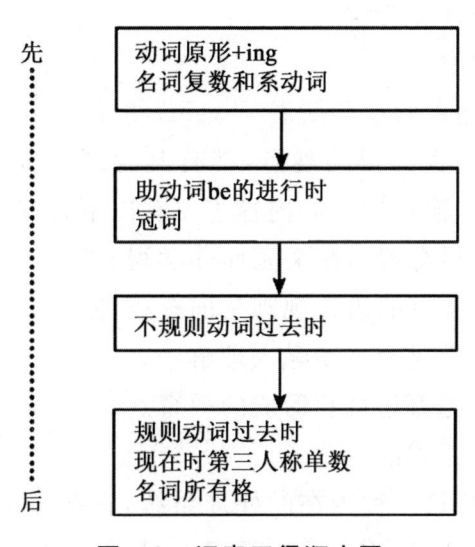

先
↓
动词原形+ing
名词复数和系动词
↓
助动词be的进行时
冠词
↓
不规则动词过去时
↓
规则动词过去时
现在时第三人称单数
名词所有格
↓
后

图1-2　词素习得顺序图

(资料来源:何广铿,2011)

由图1-2可知,将英语作为第二语言习得过程中,人们对进行时的掌握是最早的,过去时是比较晚的,对名词复数的掌握是比较早的,对名词所有格的掌握是比较晚的。

(3)监控假说

克拉申的监控假说区分了习得与学得的作用。前者主要用于输出语言,对自己的语感加以培养,在交际中能够有效运用语言。后者主要用于对语言进行监控,从而检测出是否运用了恰当的语言。同时,克拉申认为学得的监控是有限的,受一些条件的影响和制约,具体归纳为如下三点。

第一,需要时间的充裕。

第二,需要关注语言形式,而不是语言意义。

第三,需要了解和把握语言规则。

在这些条件的制约下,克拉申将对学生的监控情况划分为三种。

第一,监控不足的学生。

第二,监控适中的学生。

第三,监控过度的学生。

(4)输入假说

克拉申的输入假设和斯温(Swain)的输出假设是从两个不同的侧面来讨论语言习得的观点,都有其合理成分,都对外语教学有一定的启示。输入假说的内容主要有以下几点。

其一,与习得有着紧密关系而非学得。

其二,掌握现有的语言规则是前提条件。

其三,i+1模式会自动融入理解中。

其四,语言能力是自然形成的教育。

(5)情感过滤假说

"情感过滤"是一种内在的处理系统,它在潜意识上以心理学家们称之为"情感"的因素阻止学习者对语言的吸收,它是阻止学习者完全消化其在学习中所获得的综合输入内容的一种心理障碍。克拉申的情感过滤假说是指在第二语言习得中,将情感纳入进去。也就是说,自尊心、动机等情感因素会对第二语言习得产生重要影响。克拉申把他的二语习得理论主要归纳为两条:习得比学得更重要;为了习得第二语言,两个条件是必须的,可理解的输入(i+1)和较低的情感过滤。

2. 二语习得理论对英语教学的启示

(1)二语习得理论对外语能力发展方式的启示

语言能力发展一直是二语习得研究关注的重要命题。自20世纪60年代以来,二语习得界试图回答的问题包括:

外语能力是什么?

外语能力是如何发展的?

外语能力发展的特点是什么？

哪些因素导致了外语能力的发展？

经过几十年的发展，学界对于这个问题有了大致的结论：对于在课堂环境中的外语学习者而言，其外语能力要得到发展，通常需要具备以下几个条件。

①外语学习中必须要有足够的可理解性输入。克拉申(1982)认为外语能力的发展需要具备两个必要条件，首先是学习者内在的语言学习机制，这明显受到了乔姆斯基的语言天生论的影响；另一个条件便是充足的可理解性输入，并且他认为这是学习者获得语言知识的唯一方式。当然，对于克拉申而言，语言输入并不是随机的、无序的，因为粗调语言输入(roughly tuned input)对于学习者而言可能太难或者太容易，进而影响学习者的外语发展。

因此，合适的语言输入需要充分考虑并切合学习者当前的语言认知水平，并且遵循自然语言习得顺序。他假设学习者当前的语言水平为 i，那么可理解性输入水平就被定义为"i+1"。通俗来说，可理解性输入就是指"学习者垫垫脚就能够得着"的输入，是一种精心调校好的语言输入(finely-tuned input)。

虽然克拉申的理论针对的是在目的语环境下的第二语言的自然习得，但是其对于外语环境下的语言学习同样具有重要的意义，对外语教学和学习有很多启示。比如，外语教学中要重视学习者的现有认知水平，在教学材料的遴选上要充分予以考虑；外语教学应该充分遵循循序渐进的原则，这符合一般的教育学和心理学原则。

②语言能力的发展必须以语言使用为前提，语言输出为语言能力的发展提供了强大的驱动力。语言输出并非语言学习的结果，而是语言学习的过程。要使学习者成功地习得语言，仅仅依靠语言输入是不够的，还要迫使学习者进行大量的语言输出练习(pushed output)，这便是学者斯温所提出的可理解性输出(comprehensible output)。

不难看出，这是对可理解性输入的有效补充，斯温并未否定语言输入对于二语习得的重要作用,她只是认为可理解性输出是对前者的重要补充,在学习者的外语学习中扮演着重要角色。

语言输出的各种功能也得到了大量实证研究的支持。虽然语言输出在语言能力发展中的重要性无可厚非,但是语言能力发展的驱动力可能不止这些,还有其他的因素在发挥作用,意义协商便是其中之一。

③语言使用必须基于交际。语言使用必须基于交际,以意义为导向,并且语言使用者有足够的注意力关注到语言形式。因为只有在语言使用中,才能真正地实现语言的形式、意义和功能的有效整合,才能真正促成语言能力的发展。语言使用要以意义为导向,就必须要有大量的互动,互动的形式可以多种多样,可以在同伴间进行,也可以在师生间开展。

在语言输出的过程中实现了互动,使用者就能进行意义协商,促发互动调整,有效地把输入、学习者的内在能力尤其是选择性注意和输出三者联系起来。通过协商,学习者会注意到自己的语言知识和目的语语言知识之间的差异,明晓自己语言知识的欠缺和不足。可以说,意义协商启动学习的发生,接下来的语言输入是学习者语言知识内化的必要条件,进一步确认或者拒绝先前的语言假设。同时,通过意义协商,语言教学过程能够实现重形式教学(focus on form),即在意义先导的情况下,将学习者的注意力转移到语言形式上去,在交际中学习和内化语言形式,实现语言形式、功能和意义的结合,促进语言能力的发展。

④语言能力的发展需要大量的负面证据(negative evidence),需要外界的反馈(feedback)和提醒。外语能力的发展绝非一蹴而就,一帆风顺。学习者从一开始便是磕磕绊绊,不断地在试验自己的语言假设,可以说语言能力发展就是学习者不断确认和否定自己语言假设的过程,而这个过程中,反馈的作用无可取代。当学习者在语言使用的过程中出现了使用错误时,同伴或教师如果能够及时给予提醒或更正,将有助于学习者在实现交际功能时关注到自己的语言形式,注意到自己的语言形式与目

第一章 高校英语教学概述

的语语言形式的差异,实现语言知识的内化。

对于反馈作用的认识是伴随互动假说而生的,近三十年来一直是二语习得研究的热门话题。相对而言,口语反馈的作用已经得到了认可:大量的研究表明,在外语学习者进行口语交际过程中,采用恰当的反馈形式,如重铸(recast)、请求重复等手段,可以显著提升学习者的语言表达能力,并促发语言习得。对于书面语反馈,仍然存在争议,争议的焦点在于书面写作对于提升学习者的写作能力和促进二语习得是否存在作用。

虽然多数研究表明,采用恰当的书面反馈形式,比如"间接标示错误+适当解释",能够促使学习者注意到问题所在,并改善后续书面写作的准确性,促发二语习得。但是由于研究方法论上的问题以及研究设计中的可重复性问题,这一结构还是受到了挑战。这个争论仅仅存在于研究层面,在现实的教学层面,它几乎不存在。我们可以得出这样的结论,即适当的反馈能够将学习者的注意力聚焦于某些特定的语言形式,促进其语言能力的发展。

另外,除了上述四个因素以外,语言教育学界对于语言能力发展也有一些其他的重要结论,比如,语块在语言习得中发挥重要作用,甚至有学者以此提出基于语言使用的语言习得观(usage-based language acquisition)。还有学者指出语言习得包括两个部分,一部分是分析性习得,另一部分为整体性习得。又如,语言能力的发展存在巨大的个体差异,语言学能、情感态度、动机、母语水平等都影响第二语言能力的发展。

总之,由于外语学科的特性,相比其他学科而言,外语学习在认知上的挑战不大;外语学习或教学中的认知成分只是为了更好地促进外语学习者的语言能力发展。根据最新的学习理论,外语学习的认知目标不再局限在知识、技能上,语言能力作为一项综合性能力,得到了更为宏观的定义。

(2)二语习得理论对英语情感态度发展的启示

众所周知,人类既具备认知能力,也具备情感能力。学习者在外语学习过程中会受到诸多情感因素的影响,这是不言自明的。但是长久以来,语言学习的认知方面颇受重视,而情感学习则频频受到误解。比如早期对于学习者焦虑的研究,主要聚焦于教师的教学对于学习者的影响,把教师职业素养的缺失当成是学习者焦虑的来源;后来,对于情感的考虑又变成了动机和思想品德的混合物,如我国的课程标准明确把情感态度定义为动机、祖国意识和国际视野等。

斯特恩(Stern,2000)指出外语学习中情感的重要性不低于认知学习。那么究竟什么是外语学习和教学中的情感呢?情感具有普遍性,易于感觉而难以定义。在日常生活中,人们也会经常谈及个人情感,所以广义的情感是指制约行为的感情、感觉、心情、态度等。但是具体到外语学习和教学中,所谈及的情感主要有动机(motivation)、焦虑(anxiety)、抑制(inhibition)、外向/内向(extroversion/introversion)以及自尊(self-esteem)等。

情感态度在外语学习中发挥着重要的作用。情感态度是外语学习的动力源泉。情感态度也会随着外语水平的提升而不断得到增强。从认知心理学的角度来说,情感之所以作用于外语学习,主要是因为其与人类的记忆有着千丝万缕的联系。情感态度在外语学习中发挥着重要作用,外语教学中理所当然要强调情感学习。因此,我国的英语课程标准都将在各个级别中设定英语学习中的情感目标,这体现了对情感学习的重视,从历史的角度来看,这是一个巨大的进步。

虽然情感学习非常重要,但是在实际的教学过程中不能误解甚至曲解情感的性质与作用,需要用科学、客观的态度来审视外语学习中的情感态度问题。

第一,外语教学所关心的情感态度与日常生活中谈及的道德迥异,所以不宜夸大外语教学对于学习者的道德培养的作用。学习者的道德情操是在日常生活的点点滴滴中积累起来的,并不是外语教学的直接结果。当然外语教师可以以身作则,以自己的实际言行影响着学习者,但这并不意味着外语教学本身的效用。换句话说,外语教学中的情感态度只是作用于学习者的语言学习,外语教学本身无力去发展学生的道德情操。

第二,情感是个整体,与学习密不可分。这一特性便意味着不宜将情感态度分级,并以此来评估学习者。不能说低年级的学习者在情感态度上就弱于高年级的学习者,实际上往往相反。此外,情感态度是个动态且易变的概念,也正因为如此教学才有了空间,设定情感目标也有理论基础。本质上来说,真正重要的是情感态度发展的过程,而不是结果。学习者正是在这个过程中获取了语言能力发展的动力。所以,外语教学过程中,不宜静态地、刻板地看待学习者的情感态度。

①动机。影响外语学习的情感因素很多,其中最为重要的两个是动机和焦虑。动机(motivation)研究最初始于教育心理学,是指学生为了满足某学习愿望所做出的努力。二语习得和外语教学界从20世纪70年代开始逐步深入研究动机对于外语学习的影响,我国外语学界则是从20世纪80年代才开始引入动机这一概念,但真正的实证研究则是从20世纪90年代才开始逐步展开的。

通常认为,学习者的动机程度和其学业水平是高度相关的;后来,甚至有研究在这两者之间建立了因果关系模型。动机可以有不同的分类方法。一般认为,动机可以分为两类,即工具型动机和融入型动机。前者指学习者的功能性目标,如通过某项考试或找工作。后者指学习者有与目的语文化群体相结合的愿望。

除了以上两类外,还有结果型动机(即源于成功学习的动机)、任务型动机(即学习者执行不同任务时体会到的兴趣)、控他欲动机(即学习语言的愿望源自对付和控制目的语的本族语者)。对于中国学习者而言,证书动机是中国学生的主要动机。

学生的学习动机是可塑的;激发学生内在动机是搞好外语教学的重要环节;个人学习动机是社会文化因素的结果。这个发现对于中国各个层次的英语学习者都是如此,也可以解释国内近些年来的英语"考证热"。值得一提的是,无论是工具型动机,还是融入型动机,都会对外语学习产生重要的影响,所以动机类型并不那么重要,重要的是学习者动机的水平。

此外,也有学者将动机分为内在动机和外在动机。内在动机(intrinsic motivation)是指学习者发自内心对于语言学习的热爱,为了学习外语而学习外语;而外在动机(extrinsic motivation)则是由于受到外在事物的影响,学习者受到诸如奖励、升学、就业等因素的驱动而付出努力。这一分类与前一分类有相似之处,但是不可以将两者等同,它们是从不同方面考察动机这一抽象概念的。

在对待动机这一问题时应该注意:动机种类多样,构成一个连续体,单一的分类显得过于简化;另外,动机呈现出显著的动态特征,学习者的动机类型可能随着环境与语言水平的变化而发生变化。比如,一个学习者最初表现出强烈的工具型动机,认为学好英语是考上大学、找到好工作的前提;但是随着其英语水平的不断提升,他开始逐渐接受英语及其附带的文化,想要去国外读书甚至是移民英语国家,这时他的动机类型就变为融入型动机了。

近年来国内对于动机的研究表明,中国英语学习者的动机类型以工具型动机为主,并且动机与学习策略、观念之间的关系较为稳定。另外,学习成绩与动机水平之间呈现出高度相关。这些研究发现对于外语教学具有启示作用:外语教学中应该重视学生的动机培养,培养方式可以多种多样,譬如开展多样的英语活动、提高课堂的趣味性、鼓励学生课外阅读等。

②焦虑。焦虑是影响语言学习的又一重要情感因素,是指一种模糊的不安感,与失意、自我怀疑、忧虑、紧张等不良感觉有关。语言焦虑的表现多种多样,主要有:回避(装出粗心的样子、迟到、早退等)、肢体动作(玩弄文具、扭动身体等)、身体不适(如腿部抖动、声音发颤等)以及其他迹象(如回避社交、不敢正视他人等)。这些是学习者在学习过程中,尤其是在课堂环境中常见的现象。

学生在语言课堂上担心自己能否被他人接受、能否跟上进度、能否完成学习任务,这种种担心便成了焦虑的来源。焦虑可以分为三类,即气质型、一次型和情景型。

其一,气质型焦虑是学习者性格的一部分,也更为持久。这类学习者不仅仅在语言课堂上存在焦虑,在日常生活中的很多场合都会表现出不安、紧张等情绪。

其二,一次型焦虑是一种即时性的焦虑表现,持续时间短,并且影响较小,它是气质型和情景型焦虑结合的产物。

其三,语言学习中更为常见的是情景型焦虑,这是由于具体的事情或场合引发的焦虑心理。比如考试、课堂发言、公开演讲等。

可以说,焦虑是一种正常的心理现象,任何个体都存在一定程度的焦虑心理,外语学习者自然不会例外。产生焦虑的原因也会多种多样,但是总结起来无非有以下几点:首先,学生的竞争心理与生俱来,学习者一旦发现自己在与同伴的竞争中处于劣势,便容易产生焦虑不安的心理;另外,焦虑心理也与文化冲击有关。外语课堂上传授的文化知识对于母语文化本身便是一种冲击,学习者也会因为担心失去自我、失去个性而产生焦虑。总体而言,焦虑会表现为用外语交流时不够流畅、不愿用外语交流、沉默、害怕考试等。

长久以来,焦虑一直被视为外语学习的一个障碍,这是一种误解,是对焦虑作用的误读。焦虑最初是运动心理学的重要研究内容,研究将运动员按照焦虑水平分为三类,即低气质型焦虑、中气质型焦虑和高气质型焦虑,然后比较三类运动员的运动成绩,结果发现中等气质型焦虑的运动员成绩最好。

可见,焦虑也是有积极的、促进的作用的。后来焦虑成为教育心理学的研究对象,发现了同样的规律。焦虑就其作用而言也可分成两大类:促进型和妨碍型。前者激发学生克服困难,挑战新的学习任务,努力克服焦虑感觉,而后者导致学生用逃避学习任务的方式来回避焦虑的根源。

这种划分方式有一定的道理,也获得了部分实证研究的证实,但是我们应该明确焦虑并不是非此即彼的,焦虑之所以会产生不同的作用主要是因为焦虑程度的问题：过高的焦虑会耗费学习者本来可以用于记忆和思考的精力，从而造成课堂表现差、学习成绩欠佳；而适当的焦虑感会促发学习者集中自己的注意力资源，汇聚自己的精力，从而构成学习的强大动力。

但是焦虑水平的测量现在还是个难题，虽然已有一些研究工具，比如外语课堂焦虑量表（Foreign Language Classroom Anxiety Scale, FLCAS），但是最新的研究表明该量表实际测量的是学习者的语言技能和学习技能自我效能的个体差异，而并不是二语学习的焦虑。

因此，在外语教学中，对于学习者的焦虑要区别对待。焦虑水平过高的学生需要疏导，晓之以理，并通过日常细微的成绩变化来逐步缓解紧张的心理状态，化压力为动力；同时，也要让学习者知道适度焦虑的益处，外语学习中需要有一定的紧迫感，一定水平的焦虑会有助于外语水平的提高。

情感学习是外语学习的重要组成部分，情感学习与内容学习互为补充，相得益彰。所以，完整的外语学习和教学理论应该既重视学生的认知发展，也关注学生的情感发展，情感发展是认知发展的基础和动力，是长久发展的动力源泉。

第三节　高校英语教学的原则与现状

一、高校英语教学的原则

作为通用型语言，英语的作用不言而喻。但是在具体的高校英语教学中，存在着种种弊端，因此这就要求高校英语教学应该坚持一定的原则。高校英语教学原则是从高校英语教学的任务与目的出发，基于教学理论的指导，经过长期实践总结出来的教学经验。这些教学原则是教师对教材进行处理、选用科学的教学方法、提升自身教学质量的指南针。

(一)思想性原则

英语教学要从学生的实际出发,根据学生身心发展的特点和学生的认知规律,紧贴学生生活选取教学材料、设计教学活动。教学材料和教学活动不仅要有利于学生学习语言知识,形成语言技能,又要有利于学生健康性格和健全心理的形成与发展。

思想性原则还要求教师要把文化意识渗透在开展爱国主义教育和增强世界意识之中,使学生了解外国文化的精华和中外文化的异同;还要有利于引导学生提高文化鉴别能力,树立民族自尊心、自信心和自豪感,促进学生形成正确的人生观和价值观。

(二)可行性原则

英语教学中的教学设计是为课堂教学所做的系统规划,要真正成为现实,必须具备两个可行性条件:一是符合主客观条件,二是具有可操作性。

符合主客观条件是教师实施教学设计的重要条件,主观条件是指教师应考虑学生的年龄特点、已有知识基础及生活经验;教师只有遵循学生的认知规律,尊重学生身心发展的特点,立足学生的生活经验和学习基础,在综合分析的基础上进行教学设计,才能增加设计的针对性,而更具有客观实效性。如果教学设计背离了学生的年龄特点,超出了学生的认知能力范围和脱离了生活实际,是不可行的。

客观条件是指教师进行教学设计需要考虑教学设备、地区差异等因素。教师首先要了解学校所处的地域环境和教学条件、学生的学习能力等客观因素,了解学校能够提供什么样的教学设施。教学的环境和条件、学生的学习能力是教师进行教学设计的重要参考。如果教师不考虑教学的客观条件,只凭自己的主观设计,不考虑地域学生的差异,把目标拔得太高,教学设计也是无法落实的。

具有可操作性是教学设计应用价值的基本体现。教学设计的出发点是为指导教学实践准备,应能指导具体的教学实践,而不是理想化地设计作品。教师的教学设计要在教学实践中检验,去验证设计的理念是否正确,方法是否恰当,学习效果是否满意,这样才能体现教学设计指导教学的作用。

(三)趣味性原则

英语教学的目标是要培养学生综合运用语言的能力和学习英语的兴趣。英语教学不仅要符合学生的知识、认知和心理发展水平,还要充分考虑学生的兴趣、爱好、愿望等学习需求,紧密联系学生的实际生活,设计生动活泼、形式多样、趣味性强的学习活动,创设愉快的语言运用情境,引导学生积极参与,提高学生的学习兴趣,加强其学习动机。例如,根据不同学段学生的年龄特征,设计不同的任务型教学,创设不同的情境,采用不同形式的教学媒体,使课堂教学生动活泼。

(四)互动性原则

根据生态的基本观点,任何事物都处于一定的关系中,学校是教育生态系统的子系统,在学校这个子系统中,教师与学生作为其中的两个因子相互作用与交往。教师与学生之间是一种以学生最终的发展为目的而联系在一起的共生关系。教学过程中信息的传递是相互的、双向的。如果教师与学生之间的互动保持相对平衡性、有序性,他们才能有效发挥各自的作用,进而实现和谐统一的发展。如果教师和学生之间的互动被打破,那么教育要素之间的平衡也会被打破,这不仅会损害师生自身的发展,也会损害整个学校甚至整个教育的发展。师生之间的交流与沟通是一种连续不中断的过程,在不断地动态变化发展中寻找平衡点。教师不断提高自身的教学水平与理论水平,从而应用到实践教学中,促进学生的可持续发展。学生获得的成绩也体现了教师的价值,并且是对教师的一个鼓励。因此,在高校英语教学中,师生之间是一种相互依存、共同发展的关系。

(五)系统性原则

英语教学的设计是一项系统工程,系统中的各要素相当于子系统,既相对独立,又相互依存、相互制约,组成一个有机的整体。教学设计各子系统的排列具有程序性的特点,即各子系统有序地成等级结构排列,而且前一子系统制约、影响着后一子系统,而后一子系统依存并制约着前一子系统。一个规范的教学一般由教材分析、学情分析开始,根据分析结果,确定教学目标。

从形式上看,教材分析、学情分析和教学目标是相对独立的,但又是相互依存的。学情制约着教学目标,教学目标的制订建立在学情分析的基础上,彼此之间存在着内在的逻辑关系,它们之间的逻辑性是保证前后各要素相互衔接的前提。在这种逻辑的基础上,一旦教学目标明确了,教学重点、教学难点就能够确定了。

重点、难点是教师选择教学方法的重要指标和依据,它在一定程度上决定了教师选择什么样的方法突出重点、突破难点,以实现教学目标。所以,教学设计的程序是无法随意改变的,教学设计中教师应遵循其程序的规定性及联系性,确保教学设计的系统性和科学性。

(六)情境性原则

课堂教学环境对于教学活动的顺利展开有着很大的影响。大学生的注意力集中水平有限,大学英语教师更应该注意课堂教学环境的建设。一般来说,课堂教学环境分为人文环境、语言环境、自然环境。

1. 人文环境

人文环境主要通过师生之间的情感交流与互动氛围体现出来,它是一种隐形的环境。大学生缺乏人际交往经验,所以大学英语教师应该在营造人文环境方面起着主导作用。教师要通过倡导师生之间的平等交流以及歌曲、游戏、表演等方式,来营造一种自由、开放的人文环境,打开学生的心扉,促进学生的英语学习。

2. 语言环境

根据认知发展心理学,大学生需要借助具体事物来辅助思维,不容易在纯粹语言叙述的情况下进行推理,他们只能对当时情境中的具体事物的性质与各个事物之间的关系进行思考,思维的对象仅限于现实所提供的范围,他们可以在具体事物的帮助下顺利解决某些问题。语言与认知的发展是相互促进的。个体语言能力是在个体与环境相互作用的过程中逐渐发展起来的。语言环境对于外语学习非常重要,而中国学生没有现成的语言环境,因此大学阶段的英语教学应该创设具体、直观的语言情境。为此,教师要充分利用与开发电视、录像、录音、幻灯等教学手段,设计真实的语言交流,使学生在运用语言的过程中学习与掌握语言。

3. 自然环境

课堂教学的自然环境主要指课堂中教学物品、工具的呈现方式。其一,要求让教师与学生之间进行更加亲近的交流,教师应该设置开放的桌椅摆放方式,应该摒弃那种教师高高在上、学生默默倾听的桌椅摆放方式。其二,要求教室的布置应该取材于真实的生活场景,这不仅拉近了学生对课堂教学的距离,也使得学生更容易理解英语,也有助于创造英语语言交流的环境。

(七)融合性原则

在英语教学中,文化主要包含母语文化与英语文化。所谓融合性原则,即教师在英语教学中要重视文化的导入与渗透。学生对文化的了解,可以促进他们对语言知识的掌握。同时,学生掌握语言知识又可以促进他们对中西方文化的了解。因此,在英语教学中必须要对学生进行文化导入。具体来说,文化导入主要有如下几种方法。

1. 比较

有比较就有结果。只有在比较中,事物的特性才会表现得更加明显。经过了不同的历史轨迹,中西方国家在长时间的历史积淀中形成了不同的文化。因此,在文化教育中,教师可以通过母语文化与英语文化的明显比较,让学生更加深刻地认识母语文化与英语文化。在跨文化交际中,学生也因此提高自身的文化敏感性,会更加重视文化对于交际的影响,从而减少甚至避免文化差异引起的交际冲突。例如,问别人的行程和年龄在中国是很正常的,但是在西方则是对隐私的侵犯。

2. 外教

外教不仅可以提升学生的英语学习兴趣,还能够促进学生跨文化交际能力的提高。外教作为异域文化的成员,比较能够引起一些学生的好奇心,这些学生在与外教接触和交流的过程中增强了对英语口语表达的信心,还能收获课堂上学不到的社会文化背景知识,能真正提高英语文化敏感度与英语交际能力。另外,学校可以定期利用外教组织英语角,这样就为学生创造了纯正地道的英语环境,有助于学生英语听力与口语能力的提高。

(八)开放性原则

高校英语教学的一个重要特征就在于开放性,其体现为如下两个层面。

第一,教学资源的开放性。高校英语教学资源不仅来自教材,还源于大学生的课外生活。当然,教学资源都是经过筛选的,选择的依据就是师生之间的知识交流、情感传递。换句话说,教学主体在日常生活生活中进行生活体验,并不断总结经验教训,然后积极构建出相关的知识,真正实现课堂教学的知识在生活中的运用。

第二，教学主体的开放性。在高校英语教学中，教师与学生不断地重复信息传递与信息接收的过程，进行着持续的互动交流，教师与学生有着巨大的差异性，主要体现在生活阅历、知识水平、情感态度等层面。教师会无意识地将自己的知识水平、生活阅历、情感态度等带入实际教学活动中，同时学生根据自身发展特点有选择性地吸收。因此，伴随着课堂教学活动的是教师与学生之间的信息流动。

(九)形成性评价原则

形成性评价是课堂教学中由教师和学生共同参与和实施的评价活动，其目的是促进学生学习，实现教学目标。教师要根据教学目标的要求，采取有效的信息收集和反馈方式，及时观察和了解学生的学习进程和学习难度，把握课堂教学目标的落实，为下一步调整教学目标、改进教学方法、提高教学效率提供依据。

形成性评价应坚持激励原则，教师对学生在学习过程中的表现、学习态度、学习行为以及学习效果应及时地给予肯定，充分肯定学生的进步，鼓励学生继续努力。教师还应积极指导学生评价自己的学习行为和学习结果，引导学生参与展现自己学习进步的各种评价活动，获得成就感，增强自信心，有效调控学习过程。

二、高校英语教学的现状

随着社会对高校英语教学的关注，高校英语教学取得了可喜的成绩。但是，受一些主客观因素的影响和制约，目前我国的高校英语教学存在着很多的问题，只有对这些问题有清楚的认识与把握，才能采取有针对性的措施，从而不断提升高校英语教学的质量和水平。

(一)受"应试教育"的制约严重

在传统教学模式中，应试教育是一个基本的目标，其主要目的是让学生成功通过考试。例如，在大学阶段，学生特别注重四六级考试成绩，因为在他们看来，通过四六级考试，就能够顺利毕业。但是，这样的考试就失去了英语教育的作用，也很难提升学生的英语实际应用能力。

(二)教材选择方面存在弊端

从很大程度而言，教材决定课程的教学内容与方法，因此无论对于什么课程来说，教材的选择与运用非常重要，当然高校英语教学也不例外。但是，在我国当前的大学英语教材上，内容多注重文字与争论，忽视了实用性。虽然当前我们也引入了大量的国外教材，但是这些教材与我国的教学需要并不完全适应。因此，我国的教材仍旧存在明显的弊端。

(三)师资水平参差不齐

在高校英语教学中，教师是重要的组成因素，起着重要的引导作用。因此，教师素质高低，对学生英语学习的积极性有着直接的关系。但当前，很多学校的师资力量紧张，并且师资水平也存在差异，导致高校英语教学存在明显的师资问题。

(四)信息化教学效率低下

在信息技术飞速发展和广泛覆盖的背景下，有学者提出将教育信息化与传统教学理念相融合，这一理念的提出对教育行业的未来发展拓展了新的领域。近年来很多研究人员在如何提升现代教育技术的实效性方面开展了众多研究工作，取得了一定的成果，但是问题仍然显著地摆在我们面前，表现在以下两个方面。

1. 学校方面

第一，现代教育技术的应用管理不足。学校领导是学校教学工作展开的主要影响因素，因此他们关系着现代技术在英语教学中的应用和实施。近年来我国现代教育技术发展快速,但是不可否认,很多学校领导还是将学生文化成绩的提升放在学校工作的重要位置上,有些学校领导为了实现学生的"高分数",甚至放弃了英语教学创新活动的开展。

第二,学校难以引进专业的信息化人才。传统的英语教学模式已经使得英语不再是曾经的香饽饽,这给英语教学的前进之路造成了不小的障碍。当前,在发展信息化教学的过程中,需要认真探讨出符合时代发展的教学模式,包括信息化教学的指导思想、信息化教学师资队伍、信息化教学方法等。但是,由于种种主观因素和客观因素,一些专业的信息化人才不愿意走上学校的教学岗位,这也就直接制约着英语教学的信息化进程。

第三,教师的现代教育技术应用能力不足。虽然大部分教师对现代教育技术在提升英语教学效果方面的作用充分肯定,但在教学实践过程中采用多媒体教学的教师只占据一部分,这可能在很大程度上是因为教师对现代教育技术的应用操作流程不熟悉或者迫于教学目标的压力等。如果教师不在英语教学中使用现在教育技术,便无法在教学新模式中汲取新的知识和技能,更无法开展高效的教学实践工作。

2. 学生方面

学生对信息技术的掌握,在很大程度上影响着他们的英语知识学习和运用的效率。教学是针对整个学生群体而言的,英语教学信息化的高效实施,需要每一位学生的积极参与和配合。在教师减少传统教学手段而增加现代教学手段的使用频率时,学生应该以一种欢迎的态度面对这种情况,这更有利于教师开展信息化教学工作。然而现实中,很多学生习惯了传统的面授教学方式,而不适应当前的各种教育技术。

(五)中国文化缺失

为满足国家"开放"和"引进"战略对外语人才的需求,各层次外语教育过度倚重语言的工具性学习。长期以来，社会上已经形成了过分重视分数高低、忽略对学生德育培养的倾向，忽略人文教育。高校英语教学内容中人文性教育内容较少，导致了英语教学中的人文教育失去了内容支撑。并且外语教学仅仅围绕英语能力所代表的西方文化的学习，中国文化相关内容长期处于被忽视状态。在应试教育目标的指挥棒下，教师的中国文化意识薄弱，将培养学生的英语应用能力看作唯一目标。另外，从人才培养的角度来看，我国师范类高校英语专业学生缺乏对中华文化的学习，对中国传统文化缺乏系统的了解，这直接造成了英语教师的中国文化修养的缺乏以及中国文化教学能力的低下。培养出色的国际化外语人才的前提，是教师首先要具备足够的中国文化素养。

第二章 信息化时代与高校英语教学的关系

现代社会的发展已经进入到了信息化的时代,这要求各方面事物都应尽量与信息化相结合,这是事物在当下的发展趋势,高校英语课程也应顺应这一发展潮流,寻求与信息技术结合的机遇,以此提高高校英语课程的教学效果。为此,本章就对信息化时代与高校英语教学的关系展开研究。

第一节 信息化时代对高校英语教学的深刻影响

现在,信息技术(Information Technology,IT)已经进入飞速发展时期,渗透到人们生活中的各个方面,逐渐成为个体间进行交流、学习以及理解世界的一种基本方式。信息技术发展过程中的每一次飞跃都是人类文明史上的进步,其对推动社会的发展产生着重要的意义,并在教育领域发挥着巨大作用。基于信息技术的教育,不仅使教育途径和模式发生了重大变化,教育效率和质量也有了显著提高。

一、信息技术的内涵

当今社会已进入信息化高速发展的社会,信息和知识已成为推动社会发展的两大动力,现代信息技术已经渗透至人们生活的方方面面。

就信息技术的概念而言,目前人们多从广义和狭义两个方面来理解和解释。

从广义上说,信息技术指的是对信息加以处理与管理的各种技术的综合,其包含通信技术、感测技术、控制技术、计算机技术、智能技术等。

从狭义上说,信息技术指的是能够展现信息技术特点的一些技术,具体来说,主要可以从如下四个层面理解。

第一,信息技术可以被定义为信息与通信技术,其主要是运用计算机对信息系统与应用软件进行开发与设计,包含计算机技术、传感技术等。

第二,信息技术可以被定义为3C技术,即计算机技术、控制技术、通信技术三者的集合。

第三,信息技术又可以称为C&C技术,指的是运用计算机技术获取、传递、分配、处理信息的技术。

第四,信息技术指的是应用管理技术,并在科学、技术等层面对信息加以控制与处理,实现人机互动。

通过对上述信息进行分析不难发现,信息技术的核心在于计算机技术,并且在其他技术的共同作用之下,实现信息的获取与传递、转换与交流、检索与存储等。

二、信息技术的特征

近些年,随着网络技术不断发展,以计算机作为核心的通信技术,逐渐在社会生活的各个领域应用。这一技术之所以不断发展并趋向成熟,是因为信息社会在不断深化,也与行业间的融合相符。现代通信技术容量大,采用数字化模式,并且与网络技术、计算机技术融合。

进入21世纪,通信技术必然向宽带化、智能化方向转化。整体来说,信息技术的本质特征主要表现为如下几个层面。

（一）智商的结晶体

信息技术基于大量的知识背景，通过高新技术研究，将知识与智力加以呈现。信息技术的物化状态就是信息产品，很多的高精尖人才对信息产品进行研发，在研发的过程中，这些人处于合作或竞争的关系。通过努力，这些人的研究成果逐渐深化，信息技术也不断向前推进，新的技术也在不断涌现，并且周期在逐步缩短。

当前，科技领域的各个层面都与信息技术有着密切的关系，如航空航天、生命科学、自动化技术等。其他科学研究也需要借助信息技术来推动自己的进步。也就是说，信息技术在整个社会的覆盖面越来越大。

可见，信息技术已经成为当前科技发展的核心部分，其不仅是先进生产力的代表，还从一定程度上对劳动生产率起着决定性作用。除了高精尖人员对信息技术进行研发外，其他领域的研究也为信息技术的发展提供了方式与路径。

（二）短周期效应

一般情况下，信息技术的周期效应是非常短暂的。具体来说，信息技术的发展水平越高，更新的周期越短。在信息产品开发的初期，科技人员通过信息技术与网络，对自己需要的信息进行获取，在融入创造力的同时，加快产品开发的速度，在信息产品批量生产的阶段，信息技术同样为人们提供了信息化的手段，使产品形成的时间逐渐缩短。

比较来说，之前的信息产品，具有较长的生命周期，因此其使用的年份也比较长，有些甚至可以使用十几年或者几十年。但是现如今，由于信息产品的生命周期缩短，很多产品可能只能使用几年，甚至几个月。显然，信息技术更新换代的周期在不断发生改变，也是因为市场上产品的竞争力不断加大。

(三)高投入

随着信息技术的不断发展,通信技术、计算机技术的结合为社会带来了一种新的革命。信息技术的主要内容在于信息的采集与处理、传递与复制、维护与存储等,其是集合了通信技术、计算机技术等为一体的技术。对于这一技术的研发,每一个环节都不能马虎,都需要较高的投入。

(四)高风险

正是因为信息技术的高投入,导致信息技术也具有高风险,这可以从如下三点体现出来。

第一,信息技术的研究具有明显的不确定性。例如,某企业为了建立自身的信息管理系统,需要投入大量的资金,同时还需要考虑企业的岗位情况,这样才能制作出与公司相契合的管理软件。但是,企业本身具有动态性特征,这就导致信息数据是非常不稳定的,这些不利层面会给信息系统造成崩溃和受损。

第二,信息技术从设计、开发到研发成功的概率一般都比较低的。从综合层面来说,信息技术领域新产品研发的概率只有3%。换句话说,如果研发不成功,那么就意味着之前的投入完全浪费掉。

第三,信息产品还会受到市场变化的制约和影响。

三、信息技术对高校英语教学的具体影响

(一)与传统课堂的碰撞与对接

1. 与传统课堂的碰撞

信息技术教育背景下的高校英语课堂与传统课堂的碰撞主要体现在教育理念上,因为当前的教育仍旧难以摆脱"应试教育"

的枷锁,并且信息技术教育背景下的高校英语教学要求革除传统教育理念、教学方法上的弊端。下面就对这两点做具体论述。

(1)难以摆脱"应试教育"的枷锁

众所周知,在信息技术教育背景下,传统的教学模式已经与当今的课堂不相适应,但是面对毕业、就业压力,当前的高校英语教学仍旧未脱离"应试教育"的枷锁。当前的高校英语教学要求学生要学会自主探究、自主预习、自主总结,同时培养自身学习的习惯与思维,要在教师的指导下体验概念与规律的探究过程,并在学习中培养求知精神。但现实是,在高校英语课堂教学中,很多教师主要侧重于讲授,对学生进行满堂灌式的教学,未能顾及每一位学生的接受与感受情况,使学生的主体地位丧失。也就是说,当前的高校英语课堂教学中,教师的教学思想还未根本改变。

很多家长对于学生的考试成绩过分看重,却忽视学生整体素质的提升,教师也未考虑学生的全面发展与终身发展,一味地追求成绩,导致课堂教学主要以知识传授为主,教学过于机械化,搞题海战术,这就很容易让学生丧失探究能力与解决问题的能力。

因此,如果不对传统教学观念与方式进行改变,包含信息技术教育背景下的高校英语教学在内的任何教学形式都很难进行到底,教学大纲的要求也就很难实现了。

(2)信息技术要求革除传统教学理念、教学方法上的弊端

由于应试教育理念的存在,很多高校英语教师在教学理念与方法上存在着某些问题,这对于他们自身的专业发展是非常不利的,也会影响学生的全面发展。具体来说,这些问题和弊端表现如下。

首先,教师将教学视作教学目的实现的一种方式和手段。教学是传输知识的过程,因此教师只关心对教学手段的研究,而并未探究教学的目的何在。

其次,教师认为教学是教师教与学生学的拼接,教师将书本的知识教授给学生,学生被动的接受,这如同将知识灌输给学生一般,学生只是接收知识的容器。

最后，教师在教学中忽视了学生主观能动性的发挥，缺乏与学生进行互动，也缺乏让学生与其他学生进行互动。

基于此，传统的教学模式下的教学阻碍了学生人格的全面发展，使得学生成为应试的机器，这样的教学与教学目的相背离。

信息技术教育背景下的高校英语教学要求教师对教育观念进行改变，他们是否愿意改变，是必须要解决的首要问题。这种教学模式还需要教师具备一定的信息素养，这样才能做得更好。可见，信息技术教育背景下的高校英语教学要求教师具备较高的素质与能力，要不断在知识的海洋中充实自我，要不断发挥自身的气场对课堂的节奏与进度加以控制，要有宽广的视野来引导学生探索更大的世界。

2. 与传统课堂的对接

虽然传统课堂教学有着明显的弊端，信息技术教育背景下的高校英语教学的优势也凸显出来，但并不是说要完全舍弃传统课堂，而是要求二者的完美对接。具体而言，主要从如下几点着眼。

(1)学校作息时间安排问题

信息技术教育背景下的高校英语教学需要学生花费很多的课后时间展开自主学习，要求教师在教学时间上进行合理安排。在信息技术教育背景下的高校英语教学中，教师不应该占用学生过多课余时间，应该让他们能够有时间展开自主学习。学生在课后的主要任务就是观看教学视频，进行针对性练习。

(2)学科适用性问题

目前，国外很多的信息技术与高校英语教学结合的实践都是针对理科来说的，理科具有明确的知识点、概念等，教师只需要讲好一个公式、一个例题就可以，因此容易实施这一模式。但是，对于文科来说，其讲授的内容比较广泛，需要师生之间展开思想、情感上的交流与沟通，因此这对文科类教师提出了一个大的挑战。

这就要求，教师要不断提升教学视频的质量，通过教学视频，将所要简述的知识点进行概括，将相关的理论加以阐述，让学生在课后查阅相关的资料，并进行主动思考，然后在课堂上与教师或其他学生进行讨论，直至深化对该问题的理解。

因此，对于不同的学科，教师需要采用具体的策略来实践信息技术与高校英语教学的完美结合，并从学生的反馈情况入手，对相应的教学情况加以改革。

（3）教学过程中信息技术的支持

信息技术教育背景下的高校英语教学的实施必然需要信息技术的支持，从教师对教学视频的制作、学生的观看等，都需要信息技术的参与。但是当前，网络宽带、速度等问题对我国各大高校开展在线教学有了一定的限制，因此在实施信息技术教育背景下的高校英语教学时，学校需要对这一问题加以解决。

同样，在教学视频制作的质量上，教师也需要进行拍摄、剪辑等，因此需要一些专业人士的辅助，当然不同的学科有不同的风格，教师需要根据自身学科的特点来定。

（4）对教师专业能力的挑战

在信息技术教育背景下的高校英语教学的实施过程中，教学视频的质量、与学生展开互动指导、课前学习任务设计等都需要教师完成，因此要加强对教师进行培训。在提升他们专业理论水平的基础上，不断提升他们的科研能力，对学生的个体差异进行关注，并给予个性化指导。同时，在教师的技术素质上也需要进行培训，便于他们制作出生动活泼、丰富的视频资源。

（二）应用型人才培养的呼唤

近年来，国家号召地方高校应该向应用型高校转型，目的是培养出一大批的应用型人才，与应用型人才培养理念相适应，努力实现自己在社会发展中的价值与使命。在培养应用型人才的一系列改革之中，任何一所高校如果不进行变革，那么就很难接近教育改革的核心，很难真正实现优质的教育。也就是说，改革必须要先行。

培养什么样的人才，如何培养人才是当前高等教育思考的问题。为了实现人才培养与社会的对接,培养出高素质的应用型人才,是当前很多高校的必然选择。这一方案的提出是我国高等教育面对社会转型、面对产业升级、面对市场方式转变、面对严峻的就业形势,不得不做出的选择,其不仅有助于社会的转型与发展,还有助于实现人才的多样化发展。

1. 应用型人才的培养目标定位

对于应用型人才,一般可以认为有三个关键特征。

第一,具有人才的特征,即他们的素质较高、能力较高,具备一定的专门知识和技能,能够进行创造性的活动,为社会做出一定的贡献。

第二,具有应用型的特征,这一特征与学术型人才与技能型人才相对应,应用型人才主要面向的是基层,不仅具有扎实的基础与素养,还具有应用型的思维,具有较强的动手能力,善于运用自身掌握的知识,将理论知识付诸实践。

第三,具有创新性特征,这一特征要求人才在富有变化的时代中紧随时代的步伐,必须开拓自己的视野,具有逆向思维与发散性思维,能够将自己的想法付诸实践。

基于此,在应用型人才培养目标的定位上,知识结构以"厚基础、宽口径、重应用、强创新"作为培养人才的基本原则,强调学习的目的就是在于会应用,突出新技术、新理论等在行业中的灵活运用。能力结构侧重指挥、组织等应用能力的训练与培养,凸显创新精神与创新意识等。人格结构强调要具有强烈的探究欲望,具备高度的团队合作意识等。

为了更好地培养应用型人才,教师不仅要对当前社会经济发展的需求有清晰的认识,还要对未来的发展走向予以明确,为学生拓展就业之路、创业之路,为他们未来的职业规划考虑。

面对当前国家经济转型与接轨的需求与特征,教师以能力本位的学习作为着眼点,积极探索培养全新的应用型人才,对学习方式、学习内容等进行改良,努力将学生的学习兴趣激发出来,帮助学生掌握扎实的理论知识,使他们具备较高的应用能力与专业素养,能够采用科学的思维方式进行学习与管理,让他们在开放的环境下有自己的坚守,不盲从,能够抒发自己的创新简介,在竞争中求得生存与发展。

面对未来的不确定性,教师们也在不断地进行思考。随着信息技术的发展,如何为学生规划更好的未来呢?当前,人与人之间的竞争越来越激烈,一些岗位可能会消失,那么什么样的人不会被社会淘汰呢?教师在高校阶段需要教授给学生什么呢?这些问题都是教师思考的问题,教师应该研究他们的适应能力以及他们的核心素养,不断培养他们分析问题的能力,让他们在浩瀚的知识海洋中学会学习、主动学习,学会终身学习,教师要教会他们面对复杂的环境应该作何选择,应该如何把握时机,从而使自己更好地融入社会,超越自己。

2. 应用型人才培养对课堂教学的要求

为了能够培养出高素质的应用型人才,为了能够让学生将知识转化成现实生产力,有些教师对课程体系进行了一系列的调整,支持学生可以对自己的专业进行自由的选择,鼓励学生进行创新活动。课堂作为学生学会知识的主要渠道,是体现学校办学理念、实现人才培养目标的主要阵地,是不断创新与改革的据点,理应向应用型人才的培养方向转变,快速做出反应。具体来说,需要从如下三个层面着眼。

从教学内容上说,不过多地追求逻辑是否严密、定义是否准确,不侧重对知识的发现与整理、理论的争鸣与演变,不局限在教室与教材上,而是要与学生的生活与专业贴近,抓住该领域知识的前沿,对成熟理论要点有清楚的认识与应用。

从教学方法与手段上说,要求实行生成性的教学观,让学生运用感官与实践,对自己学习中的问题进行有效的解决,推动学生从自身的经验背景出发来理解与认识知识。注重课堂教学方式要多样化,具有灵活性,采用模拟教学法、案例教学法等方法,创设教学情境,引导学生对专业知识进行灵活的应用,利用理论与技术对问题进行解析,培养学生的实践应用能力。采用探索性教学、启发性教学等方法,引导学生进行探索,培养学生的创新性思维。综合运用现代技术与手段,满足学生个体的需要,促进学生多元能力的发展。

从时空维度上说,教师要不断拓展课堂教学的时空,拓展学生学习与训练的时空,让学生跟随专业的最新动态,获得更多更真实地参与操练的机会,帮助学生实现自主学习、研究学习。

(三)对高校英语课程相关要素的影响

1. 对高校英语教师的影响

在信息时代,信息技术的广泛应用对高校英语教师有巨大的影响,具体表现如下。

(1)信息技术对高校英语教师的最大影响在于学生获取知识途径更加多样化了,高校英语教师不再是学生的教学信息源的唯一来源。

(2)新时期,新的媒体和技术的应用对教学观念、方式和手段也带来了极大的冲击,对高校英语教师的教学过程影响显著。

(3)信息技术在高校英语教学中的应用对教师素质能力的提升有重要作用。将现代信息技术融入课堂之中,可以优化教学方法、提高教学效率。但是,由于学生选择学习的时间、内容等具有了灵活性和自由度,很可能会导致学习的失控。就传播学的角度来说,高校英语教师不仅是教育信息的传播者,更是把关人,因此应该考虑实际情况,对信息有针对性地选择,科学调配教学过程。

2. 对高校生自身学习的影响

信息技术的教学应用对高校生的影响分析如下。

(1)高校生是现代教育技术发展的最大的受益者。现代教育技术提供的个别化、网络化的学习方式,可以使高校生根据自己的特点和水平选择合适的学习进度,在轻松的环境中学习,实现真正的"教育平等"。

(2)信息技术的应用改变了高校生获取信息的途径,改变了高校生的基本听、说、读、写的方式,学习者具备了更加自由化、多样化的表达方式。

(3)信息社会,任何一名学习者都必须具备一定的信息素养,具备独立的终身学习能力。现代教育技术不仅对教师的教学能力有了较高要求,对高校生的自主学习能力也有了较高的要求,要求高校生具有信息社会要求的观念、意识和现代教育技术能力。

此外,信息发展对教学的影响不仅局限于上述几个方面,信息发展推动了教育现代化发展,推动了教育教学的改革,现代化的教育教学是以培养创造型人才为目标的新型的现代教育体系。信息的发展通过信息技术影响教学,不仅体现在教学物质基础、教师与学生"教"与"学"的影响方面,还间接促进了教育思想现代化、教育内容现代化、教育管理现代化。

3. 对高校英语课程资源的影响

信息技术的发展与应用推动了优秀学习资源的共享,学校、公益组织、个人都参与到教学资源共享的过程中来。当前,通过信息化技术的共享类高校英语教学课程资源主要有以下几类。

(1)CORE

CORE 是指中国开放式教育资源,是中国优质教育资源的世界推广。CORE 充分借鉴与吸收了美国麻省理工学院、耶鲁高校、牛津高校、剑桥高校等世界一流高校的优秀开放式课件、先进教学技术、教学手段,通过教育创新,不断提高我国的教育质量,并将我国学校的优质的教育资源向全世界推广,实现优质教学资源的积极交流与共享。

(2)OOPS

OOPS,即开放式课程计划,是将国外一流高校的开放课程翻译并制作成中文课程,面向我国的师生授课,使我国师生能更好地享受到优质的教学课程。

(3) OCW

OCW 是 Open Course Ware 的简写,是世界优秀学校教育资源的全球共享,这些学校将本学校所开设的全部课程的教学资料与课件在网上公布,以便于全世界范围内有需要的人下载参考学习。

(4)网易公开课

网易公开课是通过视频免费分享国内外著名学校的公开课程,如 OCW 翻译成为中文的课程。

现代教学媒体和信息技术在高校英语课堂教学中的应用越来越普遍,这些媒体和技术的使用对教育过程、教学过程、教学方法和手段均产生了深刻影响。课程资源的共享是新时期信息化教学带来的一个最显著的教育教学改变。

为了推广和普及信息化教学,我国开通了"校校通工程",使全国 90% 左右的独立建制的学校能够上网,共享网上教育资源,在提高学科教学质量的同时,也为教师的再教育提供了条件。

在网络信息时代,个人、教育机构、学校与外界进行不同层次的信息沟通、信息获取、信息利用、信息共享,实现信息技术与教学的有效整合,促进了教学的发展,也促进了教师与学生的发展。

第二节 信息化背景下高校英语教学的意义与目标

从当前高校课堂教学的种种现象考虑,社会各界呼吁高校课堂应该追求质量。但是如何真正地提升教学质量,还需要将高校英语教学与信息技术相融合,从而使课堂教学更有趣味性。

一、信息技术教育背景下高校英语教学的意义

(一)变更教育理念

信息技术教育背景下的高校英语教学的教育理念是由"以教为中心"教育理念转变为"以学为中心"。在信息技术教育背景下的高校英语教学中,慕课、微课、翻转课堂等教学模式的运用做到了以学生为中心,这就比传统英语课堂要好很多。因为在传统英语课堂中,教师作为教学的中心,教学就是教师站在课堂之上,为学生们讲授课程,即便教师将课程讲的非常精彩,有些学生也很难融入其中。不过,信息技术教育背景下的高校英语教学改变了这一点,学生占据学习的主导地位,课堂变成了以学生为中心的课堂,这样的学习会让学生觉得自由、快乐,愿意学,乐意学。

(二)革新教学流程

在信息技术教育背景下,高校英语教学的流程与传统高校英语教学明显是不同的。信息技术教育背景下的高校英语教学将知识的传授转移到课堂之前,将知识内化的过程置于课堂之上。在课堂开始之前,学生通过观看视频来学习新的知识,这样他们就可以将传统教学中教师讲授的时间空出来,让学生有充足的时间完成作业,并实现师生之间、生生之间的互动。这样做主要有如下两个优点。

首先,学生通过观看视频,能够使自己的学习更加主动,能够逐渐对自己的学习负责,这种方式可以解决传统课堂优等生"吃不饱"、中等生"吃不好"、差等生"吃不了"等问题,从而真正地实现因材施教。

其次,保证了学习目标具有可操作性,这有助于学生对知识进行创造。根据布鲁姆将学习目标划分为理解、记忆、分析、应用等部分,可以对信息技术教育背景下的高校英语教学与传统高校

英语教学进行对比,具体来说就是信息技术教育背景下的高校英语教学将难度最小但是需要更多选择权的环节放在课前来学习,如理解环节与记忆环节,学生可以根据自己的能力和节奏对学习进行掌控,但是将那些难度较大、需要教师和其他同学帮助的放在课堂上完成,如分析环节、应用环节等,这样才能真正做到各得其所。

(三)转变师生角色

在信息技术教育背景下的高校英语教学中,最大的障碍是教师角色的转变。很多研究者认为,信息技术教育背景下的高校英语教学通过"传递信息"和"吸收内化"过程的转变,教师由知识的传授者转变为学生学习的指导者、服务者;学生由被动的接受者转变为主动的研究者。

(四)转换育人的本质与目标

无论是教学流程的再造,还是教育观念的转变,无论是师生角色的转换,还是学习活动与学习环境的匹配,改变的都是课堂教学形式和教学手段的变化,但信息技术教育背景下的高校英语教学的核心是适应信息化背景下学校教育变革的需要,改变旧的育人目标并相应地改变教学的环境和形式。

(五)匹配学习的活动与环境

按照学习过程是否需要交流协作或独立思考,可以将学习分为独学和群学。独学以独立思考为特征,如知识传授;群学以协作交流为特征,如知识内化。学习环境也有两类:私环境和公环境。私环境如家里,安静,干扰少,适用于独立思考,适用于独学;公环境如课室,公共场所,适用交流分享、协作探究,适用于群学。

信息技术教育背景下的高校英语教学将"在课堂学习知识,在家完成作业"的方式转变为"在家观看视频学习知识,在课堂讨论学习",实现了学习方式与学习环境的完美匹配,即适宜群学的学习内容和与适宜群学的环境相互匹配；适宜独学的学习内容与适宜独学的学习环境达到高度的统一。信息技术教育背景下的高校英语教学的最大潜力和最大特色可以认为是实现学习活动与学习环境的完美结合与匹配。

二、信息技术教育背景下高校英语教学的目标

（一）激发学生的问题意识

人从出生就具有了求知欲和好奇心，这是人能够自由、理性的基础，表现在学习态度与兴趣上，就是人能够积极地去探索与解决问题，不断创新、不断超越。学生学会学习的一条最佳路径就是逐渐学会启发式的学习，即教师引导学生发现问题，并让学生找到合适的方式解决问题，师生之间围绕问题展开自主学习与探究学习，使学习活动向思维活动转变，这样才能让学生具备多元思维。

在信息技术教育背景下的高校英语教学中，要强调问题引领的作用，即教师要以问题作为起点，以问题解决作为主要的活动过程，从而将学生对问题的敏感性激发出来。同时，还要求教师主要探讨那些与现实联系紧密的问题，对这一领域的学术前沿问题进行跟踪和了解，将学生潜在的能力挖掘出来，培养学生的研究精神与素质，形成面对困难的积极潜质与解决问题的能力，并塑造自己的人格与工作特质。此外，还要求教师为学生创设自由的学习氛围，师生之间围绕提出的问题，通过交流与对话形式解决问题，并进行分析与评价，帮助学生形成问题意识与问题解决能力，推动他们判断真假、独立思考的能力等。

（二）转变学生学习的方式

学习方式是学生在展开学习任务时自主、探究的基本认知取向与行为特征，其主要包含发现学习、接受学习、合作学习等。在

第二章 信息化时代与高校英语教学的关系

新时代背景下,高校选择的教学方法一般是多种多样的,具有针对性与灵活性,这样也就推动了学生学习方式的转变,要求教学应该从学生的学习能力出发,符合学生的学习要求,这样才能培养出符合社会发展需要的应用型人才。具体来说,主要可以从如下四点考虑。

第一,倡导自主探究式学习,让学生自定节奏,具体来说就是学生在学习中要发挥自身的主观能动性,引导学生大胆接受挑战,挑战传统的识记性学习方式,让学生真正地学会学习,成为学习活动的主人,推动他们灵活地转换学习方式,在创造与研究中学习。

第二,推动学生进行团队合作式学习,即单打独斗的学习显然效果差,学生只有学会与其他同学合作、与教师合作,才能真正地弄懂知识,掌握技能。

第三,实施应用情境式教学,即关注学生在特定情境中的认知体验,通过新兴技术,为学生创设真实的场景,让学生主动参与其中,增强他们的认知能力。

第四,关注学生的在线学习与移动学习。由于网络技术的发展,学生的学习资源越来越丰富,这就给学生提供了学习的便利,学生可以打破时空的限制,获得教师或者其他同学甚至一些专家、学者的帮助,从而在课外不断提升自身的语言能力。

(三)促进学生的深度学习

所谓深度学习,即学生在理解的基础上能够批判性地学习新知识,并将这些知识融入他们原有的知识结构中,建构这些新旧知识的联系,并且能够将已有的知识迁移到新的情境中,从而独立地对问题进行解决。采用深度学习策略的学生要更善于整合知识、迁移知识,这样才能取得好的成绩。

当前,高校应该努力为学生创设深度学习情境下的课堂环境,让课堂不仅成为学生知识深度加工的重要场所,还要把原来教师单向传授的教学过程转变为师生互动的过程,创设真实的、批判性的课堂环境,还需要围绕问题的解决探究深度学习的情境机制,让学生逐渐实现知识的吸收与内化,从而有效培养他们的理性思维与创新思维。

(四)强调学生学习的责任

当前,要想培养出具备应用型能力的人才,要求学生在具体的实践中发挥自身的主体作用。也就是说,学生能够主动为自己的学习行为承担责任,让学生逐渐成为自己学习的主人,成为教学活动中主动的、自觉的参与者,也成为知识主动的发现者与探索者,也推动着教学从"教"逐渐转向"学",让课堂上不再仅仅强调以教师的教授为主,还强调以学生的学习为主,实现师生之间的协同教与学。

在信息技术教育背景下的高校英语教学中,不仅要将学生的积极性与主动性激发出来,还需要引导学生将精力、时间等投入学习之中,帮助学生减少学习的盲目性与随意性,逐渐建构自主式、探究式的学习。同时,还要给予学生应有的权利,赋予他们自主学习的权利,自主选择学习内容与策略,让他们不断发挥自己的主观能动性,发挥自己的学习优势。

(五)培养学生的核心素养

人应该必备的能力与品质就在于核心素养。核心素养的提出主要包含如下几个层面。

第一,未来个人发展与社会生活需要的能力与品格是无法预料到的,个人在受教育阶段唯一能够选择的就是对自己的必备品格与关键能力进行发展。

第二,知识是以几何级数增长的,能力以几何级数进行分化,学校教育无法对知识和能力进行穷尽。

第三,社会生活纷繁复杂,价值取向也是多元化的,学校教育无法面对社会上所有的问题。

第四,学校教育应该专注于对学生必备品格与关键能力的

第二章　信息化时代与高校英语教学的关系

培养。

"核心素养"一词源自西方,英文是 Key Competencies。Key 在英语中的意思是"关键的、必不可少的"。Competencies 的意思是"能力",但是从其范畴与内容来说,可以翻译为"素养",因此"核心素养"也就是所谓的"关键素养"。

进入21世纪,欧盟国家为了应对经济全球化,在教育领域提出了"核心素养"这一概念,目的是为了培养学生的创新能力,这一概念的提出是为了对传统的阅读、计算等为核心的概念进行改变,从而提升学生的综合应用能力。

2014年3月,教育部发布了《关于全面深化课程改革,落实立德树人根本任务的意见》,要求英语教学应该将社会主义核心价值观的内容引入教材与课堂,努力使学生了解中华文化,明确提出了"核心素养"的概念。在语言教学中,核心素养主要包含如下几点内容。

1. 语言能力

语言能力是指基于社会情境,通过语言来进行理解与表达的能力。从英语技能教学来说,语言能力是学生应该具备的基本能力,也是学生核心素养的体现。从语言学科来说,听、说、读、写、译这五项能力是最基本的语言能力,对这些能力的掌握有助于更好地学好语言。同时,新时代条件下学生需要面临各种数据、图表等,因此他们还需要掌握好"看"的技能,这样才能对第一手资料有清楚的把握。

2. 文化品格

文化品格不仅指的是了解一种情感态度、文化现象,还指的是了解语篇反映的社会文化现象,通过进行归纳来构建自己的文化立场与文化态度。

语言教学的核心素养更加注重从多元文化层面来思考,通过比较,了解中西方文化的差异,这样学生才能更加自信与自强,从而对西方文化予以理解,并将中华文化更好地传播出去。

3. 思维品质

思维品质与一般的语言能力、思维能力并不同,指的是与英语技能学习相关的一些思维品质。在核心素养中,这一品质与学生更为贴近,学生思维品质的提升与优化也是"立德树人"的彰显与表现,与高校英语教学改革的目标相符合。

总之,学生的生存与发展需要多种素养,但是在 21 世纪的挑战下,这些素养并不是并重的,也就是需要对这些素养的重要性进行排列。其中创新能力、合作能力、信息素养等是优先的素养,这些应该排在最前列,因为这些素养是学生应对挑战的关键,这就是所谓的核心素养。其他的一些素养如身体素质对于个人来说是非常重要的,但是由于太基础,所以可以将其视作基础素养。另外,传统的读、写、算也可以算作基础素养。

在全球化背景下,各国关于学生核心素养的范畴存在着某些共性。就全球范围来说,国际组织、一些国家等在核心素养指标的选取上,都反映了该组织、该国家、该地区的经济发展情况,并强调信息素养、创新能力、社会贡献、国际视野等素养是非常关键的层面。但是受国情的影响,由于各国所面临的关键问题存在差异,因此核心素养的内容与程度也会存在着某些不同。

(六)增强学生的学习体验

个体的发展具有特殊性,因此教学需要在尊重学生个体差异性的基础上,对学生的学习体验予以关注,努力为学生创造更多锻炼的机会,激发他们学习的内部驱动力,发挥他们对知识的探索精神。当前,很多高校的评价强调甄别与选拔,对评价的激励与促进功能予以忽视,往往对结果过分看重,对学习过程予以忽视,这样的评价就导致了个别优秀的学生得到了愉快的体验,但是那些成绩差的学生失去了学习的兴趣,很难培养出健康的情感体验。

在具体的教学过程中,高校教师应该努力让学生用感官去实践、去体验,去解决问题,与社会实践相联系,研究教学方法是否符合学生的需要,采用多种技巧和方法展开教学,增强学生的学习体验,让课堂脱离传统课堂的弊端,即被教材与大纲等约束,而是让学生广泛地参与到课堂之中,实现师生之间、生生之间的互动,这样才能让他们学会思考、学会辨析、学会研究,进而发现课堂的魅力。另外,教师还需要注重选择科学的评价方式,让学生能够更好地体会到成长的快乐,享受学习的快乐,帮助学生正确地认识自己,激发他们学习的动力和积极性。

第三节 信息化背景下高校英语教学的优势与挑战

由于信息技术与高校英语教学都存在自身的特点,因此二者融合的优势也凸显出来。当然,也不可避免地会出现一些问题,这些问题的出现是二者融合路上的正常现象。本节就来分析高校英语教学与信息技术融合的优势和挑战。

一、信息技术教育背景下高校英语教学的优势

著名学者沃特斯(Warschauer)指出,"无论是对今天的教育而言,还是对未来的教育而言,教师都充当了督促者、组织者、咨询人、向导等的角色,学习也不仅仅是为了学习而学习,而是为了满足需要而进行学习。"信息技术与高校英语教学的融合就是为了满足学生未来的需要,而要想对其应用,首先就需要了解其具体的优势。

(一)提高教师工作效率

计算机作为一种工具,可以不断提升教师的效率,如设计教

案、录入成绩、查询资源等,这些都是通过计算机来辅助的,对于教师来说非常有用。

在高校英语教学中,教师可以通过服务器对自己备课的内容进行讲解,并对学生的学习状态进行实时的观察,之后可以进行测评,检验学生的学习情况。

在作业批改上,一些客观性的题目可以通过计算机来操作,主观题在学生作答之后,教师可以通过处理软件来进行批改。这样就大大提升了教师的工作效率,能够将自己更多精力置于讲解与研究层面。

(二)发挥学生主体作用

高校英语教学与信息技术的融合可以将学生的主体地位凸显出来,学生可以从自身的需要出发,选择自己的上课时间,采用恰当的方法调控自己的学习进度,从而借助信息技术进行掌握。当学生在学习中遇到问题时,他们也会调整自己的学习速度,随时对问题进行解决与补充,从而不断提升自己对知识的掌握情况。当学生在学习中感到非常容易时,他们也会提升自己的学习速度,这样便于掌握更多的知识,也可以进行测试与检验。

在这一过程中,学生能够正视自己的不足,巩固自己的语言知识,便于他们形成良好的学习习惯。同时,无论学生处于何处、什么时间,他们都可以运用各种教材与课件,查询、访问或者下载,帮助他们进行针对性的学习。当然,学生在学习中遇到问题时,他们可以发送邮件与教师进行沟通,让教师为他们答疑解惑。因此,信息技术可以使学生清楚地了解自己的学习情况,发挥自己学习的积极性,促进自己的学习。

高校英语教学本身是一门能力课,如果仅仅学习理论,这样的学习显然达不到成效,还需要通过锻炼,将理论付诸实践。在传统的高校英语教学中,很多学生因为害怕或者自信心不足,导致不愿意在公共场合开口讲英语,在课堂上也不愿意回答问题,显得非常焦虑,这样的情况是非常常见的。但是,在信息技术教育背景下的高校英语教学中,学生不用担心这一问题,因为他们不是面对面的,因此学生会不断释放自己的焦虑,从而愿意回答问题与解决问题。

另外,由于信息技术在高校英语教学中运用,为学生提供了一种交互式的学习环境,其中实现了文字与图片、动与静的结合,因此显得更为逼真,学生的学习也具有趣味性。

(三)提供丰富资源信息

在高校英语教学与信息技术的融合中,教师应该考虑学生的基本情况,对各种资源进行调用,进而制作成自己的课件,当然要与学生学习的需求与风格相符。教师需要在网上搜索相关资料,不断丰富自己的教学内容。

此外,由于国际信息技术的通用语言也为英语,因此在网上存储着应有尽有的多媒体形式的资源,有专门的教学资源,有实时性极强的报刊资源,这些资源都为学生提供了原汁原味的资料。

二、信息技术教育背景下高校英语教学的挑战

信息技术打破了时空的界限,为学生创建了一个开放的学习环境,这就使得传统的教学方式更为个别化、分散化、社会化,教学活动的范围与时间在不断扩展。但是,如何合理利用信息技术,是当前教师和学生都需要思考的问题,也是对他们的挑战。

(一)对学生的全面发展提出了要求

学生是教学的对象,教师的一切决策都要围绕学生开展,教师应充分考虑到学生群体和学生个体的身心特点与学习、发展需要。教师应关心和尊重学生,为引导学生积极参与教学创设良好环境与情景。

教学活动中学生的主体性地位主要表现在以下几个方面。

(1)对教育对象的自主选择权。学生对教师教学的影响并非无条件地接受,他们要求教师的教学尽量适应学生的发展需求,学生有根据主体意识,积极地或消极地进行选择的权力。

(2)对教学内容的自主选择性。学生主动参与教学内容选择是当代教学思想所提倡的,学生选择教学内容是学生自主性中最活跃的因素。当然,必须强调的是,学生是在教学目标的框架内参与一部分教学内容选择,在课程专家根据社会和教育目标所做的初步筛选后进行。

(3)参与教学活动的积极性和主动性。学生学习活动的主动性、自觉性是学生学习主体性的本质体现,教师的教学活动要建立在学生对学习的自觉的、主动的、自我追求的基础上。学生在学习过程中能积极地参与教学活动,并能以自己已有的知识经验、认知结构主动地认识、理解、吸收新知识。

教学过程中,教师必须重视学生的教学主体性的体现,围绕学生安排设计教学过程,同时应认识到教师的主导地位与主体地位是两个并行不悖的关系。

教育信息化的全面实施需要学生具有良好的信息素养,敏锐的信息意识,较强的信息能力。学生信息能力的培养是教育信息化建设过程中的一项重要工作。

新时期,学生信息能力的培养应重点做好以下工作。

1. 营造信息环境,强化学生信息意识

以教育信息化为指导,要促进学生的信息能力(信息的搜集、分析、选择、利用、转化、交流、创新等能力)的不断提升,必须营造良好的信息环境,建设信息课程体系。

具体来说,可以将课外实践活动作为依托,通过这些活动搭建的平台,形成多样化的体验方式,充分发挥广播、网络等的作用,为学生营造信息资源传播环境。

2. 加大信息能力类课程建设,完善课程体系

学校对于学生信息能力的提升是义不容辞的。因此,学校应

第二章　信息化时代与高校英语教学的关系

该开设公共课程,提升学生的搜索能力与信息道德素养,借助技术,创新学校的选修课程,并实现教学资源的有效转化。

3. 发挥学校图书馆信息库职能,为学生提供信息服务与保障

在信息技术支持下,学校应该加强图书馆信息资源库建设,将电子信息资源引入进去,形成信息资源库。另外,学校还可以建立移动图书馆、个人图书馆,通过学校网站与微信平台,为学生提供信息定制服务,让学生根据需要下载与阅读资源。

(二)对师生的有效互动提出了要求

1. 传统教学中师生的"有限互动"

在信息技术出现之前,教师与学生的交流与沟通的场所主要是教室、操场、学校活动中心。

在教室内上课过程中,教师与学生之间首先要完成本次课程的教学任务,然后才能进行课程外学习内容的交流,因此来讲,师生在学校各教学场所的交流是十分有限的,主要是教师在讲,学生在听,一节课下来,师生之间的交流与互动往往仅仅有几个点名提问,并没有师生探索、讨论互动。很多教师在完成教学工作后忙于其他事情(如进行科研),也没有时间与学生交流。师生交流缺乏主动的感人场景。

课堂之外,学校教师在学校除了日常教学还有很多其他工作,学生的校园生活也十分丰富,由于师生的教与学的任务不同,在不同的时间段,他们需要分别在不同的空间场所内开展教与学的工作,这就更加使得师生课堂关系难以在课外继续保持良好的关系和联系。

课上的交流有限,在课外,教师与学生之间的交流更是少之又少,调查发现,很多学生在课外时间难以接触到教师,而且即便是有交流机会,也是"不怎么愉快"的"被动交流"。上述情况充分表明了学校师生存在着交流障碍,这些障碍有主观和客观原因,

力提出了一定的要求。新时期，高校英语教师要胜任信息技术并合理应用于高校英语教学，就必须掌握一定的信息技术知识，并具备现代信息的加工、处理能力。

信息时代对整个社会有着很大的影响，对人民的生产、生活、学习等产生了较大的改变。在教育层面，也逐渐改变了高校英语教师的角色，传统教学中的教师是教学内容的唯一提供者，但是在信息技术教育背景下，学生除了从教师那里获取知识外，还可以通过很多渠道获取知识，高校英语教师的角色也发生了突变，即成了引导者、辅导者、指导者。

信息技术教育背景下的高校英语教学对教师提出了更高的要求。具体来说，教师不再仅仅扮演知识的传授者与引导者的角色，他们的角色更加多元化。因此，高校英语教学与信息技术的融合还要求教师不断提升自己的专业化水平，促进自身的专业化发展，从而适应信息时代对高校英语教师的要求。

随着信息技术融入高校英语课堂教学，学生的学习与高校英语教师的教学都发生了革命式的变革，新兴的课堂教学环境即信息技术教学环境得以产生，信息技术下的教师角色一部分是基于传统教师角色中的"传道、授业、解惑"者，应积极汲取传统教师角色中的优点，认真履行知识的传授者角色行为，同时应看到传统教师角色不适应教育信息化的发展，如管理者、灌输者等角色的局限，应实现自我角色的转变，处理好传统角色中的教师角色延续，并重视教育信息化下教师角色的转换，不断提升自身的信息素质。

第三章 信息化背景下的高校英语混合式教学模式研究

开展混合教学,即将课前、课中、课后等环节融合起来,实现更高目标的产出,培养出更多优秀的英语人才。其改变了传统的灌输式教学模式,将学生作为中心,在教师的指导下展开学习。本章就对信息化背景下的高校英语混合式教学模式进行分析和探讨。

第一节 混合式教学与混合式学习

一、混合式教学

多媒体网络技术在教育领域广泛应用的大环境下,"教师主导＋学生主体"的教学模式在许多院校盛行。在如今智能手机、平板电脑、网络为时代印记的新技术的时代下,教学模式不仅要求灵活运用以教为主的教学策略和以学为主的学习方式,同时需要整合各种教学资源,要求教师进行相应的角色转变。

依据建构主义、情感过滤假设理论,结合教学实际,从语言知识、语言技能、情感态度、文化意识、学习策略五个维度综合考虑,构建了适用于高校的移动平台翻转课堂授课、线上交互式数字课程学习、线下模拟场景实践、过程性与终结性评价结合的四位一体混合式教学模式,并制订了基于网络交互式教学平台的混合式高校英语教学模式图(图 3-1)。

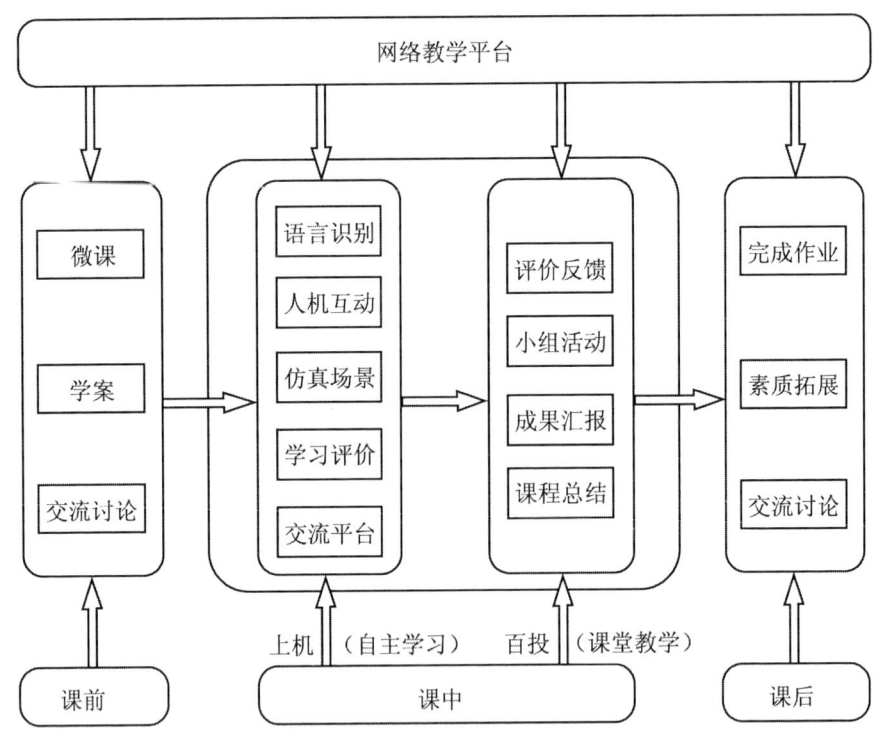

```
                    网络教学平台
   ┌────────┬────────────┬────────────┬────────┐
   ↓        ↓            ↓            ↓
┌──────┐ ┌────────┐  ┌────────┐  ┌──────┐
│ 微课 │ │语言识别│  │评价反馈│  │完成作业│
│      │ │人机互动│  │小组活动│  │        │
│ 学案 │→│仿真场景│ →│成果汇报│ →│素质拓展│
│      │ │学习评价│  │课程总结│  │        │
│交流讨论│ │交流平台│  │        │  │交流讨论│
└──────┘ └────────┘  └────────┘  └──────┘
   ↑        ↑            ↑            ↑
         上机（自主学习） 百投（课堂教学）
  课前         课中                    课后
```

图 3-1 混合式高校英语教学模式

从图 3-1 中，我们可以看到，在这个教学的过程中，教师在教学环节中不再是过去的讲授者或灌输者，而转变为一个帮助者和支持者，教师在课前和课后的准备工作及评价工作中的功能远大于过去，而学生在课前、课中、课后均为学习的主体，这与过去的"教师讲、学生听"教学模式有了很大的不同。

二、混合式学习

(一)混合式学习的界定

作为一种新的学习方式，混合式学习出现的时间并不长，对于其概念，国内外学者主要有三种不同的界定。

第三章　信息化背景下的高校英语混合式教学模式研究

第一,认为混合式学习属于远程学习的一种形式。

第二,认为混合式学习是数字化学习的延伸。

第三,认为混合式学习是一种全新的学习方式与学习技术,其具有情境性、移动性等特点,与网络学习、数字化学习完全不同。

笔者认为可以将混合式学习定义为:学习者运用移动技术所展开的各种类型的学习,其可以在非固定、非预先设定的地点、时间发生,能够实现任何人、任何地点、任何时间等情况下更自由的学习。

基于这一定义,笔者认为可以总结出混合式学习的三大特点。

第一,便捷。学习者可以运用移动设备,随时随地地展开学习,学习内容也可以自主选择,网络为他们提供丰富的学习资源。

第二,个性化。学习者可以从自身需求出发选择内容,学习进度可以自主把握。

第三,合作开放。移动设备是一种多样化的技术支持,其可以为学习者自如展开合作与交流提供条件,使他们能够随时随地地讨论学习问题,并能够寻求其他学习者的帮助。

(二)混合式学习的优势

在信息化时代背景下,混合式学习为学生的发展带来挑战与契机。混合式学习是互联网教育背景下的一种新的特性,其逐渐被教育界认可与接受。随着移动通信倍率不断提升、资费不断下降等,移动设备的运用逐渐普及开来,学习变得更为便捷。具体来说,可以归结为如下几点。

1. 可以让学习随时进行

混合式学习方式灵活便捷,学习将不再是在特定的时间、固定的地点才能进行的活动,只要具备相应的学习设备和学习资源,学习可以随时随地进行,这种独特优势是其他学习方式望尘莫及的。

2. 可以更好地掌握学习效果

基于当前教育大数据的广泛使用,通过混合式学习平台可以对学员的学习时间、登录次数、讨论活跃度等关键数据加以统计,以了解学习者的学习习惯及学习行为,教师可以对这些数据进行分析,以此对学习者学习效果进行有效掌握。

(三)混合式学习的设计

混合式学习的教学设计同样是一个系统化规划教学系统的过程,是涉及混合式学习的学习对象分析、移动教学资源设计、混合式学习活动设计等方面的研究。

1. 混合式学习对象分析

对学习对象的分析是教学设计的基础,只有对学习者有了正确认识,教学设计才能有的放矢。学习对象分析也即学习者特征分析。学习者特征分析一般包括一般特征分析、初始能力分析、学习风格分析。

(1)学习者一般特征

学习者的一般特征主要是指学习者的年龄、兴趣、动机、经验、背景等。一般特征与具体的学科内容没有什么关系,但其是教学设计的基础。对混合式学习的学习特征进行分析,是基于混合式学习时代学习者的一般特征进行的。在混合式学习时代里,通过移动方式进行沟通、交流已成为人们的基本需求,而且对于大多数混合式学习者来说,他们年纪较轻,能够熟练使用移动设备,对于混合式学习接受度高,而且基本都拥有移动设备。

从对学习者的一般分析看,年龄、性别、知识背景上的差异都会对混合式学习有一定的影响。混合式学习用户表现出明显的年轻化。在性别上,我国差别并不是很大,但因为男性在对互联网及教育技术上的认知比女性要强一些,所以男性对混合式学习

第三章 信息化背景下的高校英语混合式教学模式研究

的认知要略高于女性。而在全球范围内，性别差异就比较大了，男性比女性对混合式学习的认知度要高得多。

从知识背景上来看，一般认为学历与对混合式学习的接受度是呈正比的，可是在实际中，真正高学历者对混合式学习的接受度并不比低学历者对混合式学习的接受度高，原因之一可能是低学历者接触互联网的主要方式就是手机等移动终端，而高学历者接触互联网的方式更多的是电脑等设备。另外，目前混合式学习平台上的知识相对而言更为碎片化，对于高学历者对知识更系统化、更专业的要求来说，混合式学习平台并不能很好地满足他们的需求。

(2)初始能力分析

初始能力是指学习者在学习某一特定的课程内容时，已经具备有关的知识、技能和行为的基础，以及他们对这些学习内容的认识、态度和动机。学习者的初始能力相对于教学过程而言是教学的起点。

与传统学习者相比，混合式学习者在初始能力上需具备更强的学习能力。相比传统的学习，混合式学习以自主学习为主，学习者是学习的主导者。

学习者在混合式学习的初始技能上，还需具备和混合式学习相关的技能和素养，需要提高使用移动设备和相关软件使用的能力。混合式学习是基于移动设备和相关的软件来提供学习资源和学习服务的，如果不具备相应的能力，在进行混合式学习时，会遇到较大的障碍。

其次，学习者还应具备学习资源的获取能力。混合式学习的优点在于学习资源非常多样，学习者在获取资源之前应具备一些基本能力，才不至于在多样的资源中迷失。另外，学习者还应具有比较强的学习动机。混合式学习的时间相对零散、知识呈现碎片化，这些都不利于学习者专注学习，这就需要学习者在学习过程中明确自身的学习动机，主动学习知识，完善知识体系。

（3）学习风格

学习风格是指对学习者感知不同刺激并对不同刺激做出反应这两个方面产生影响的所有心理特征。学习者的学习风格反映学习者如何感知信息、如何与学习环境相互作用。不同类型的学习风格适合不同性质的学习任务。混合式学习在很大程度上是基于学习者自觉、自主学习，学习者的个性化特征如信息加工方式、学习的条件、认知风格、心理因素等都会对学习有影响，而这些都涉及学习风格。

学习者的信息加工方式也不同，有的喜欢大声朗读以记忆需要学习的知识，有的喜欢通过大量练习进而领会知识，有的喜欢操作性的学习，这些都是不同的信息加工方法。在设计混合式学习资源时，就要考虑利用不同的信息加工方法来进行设计。

就学习的条件来说，一般有对感情上的需求、环境上的需求等。如有的学习者在学习中需要不断地鼓励和激励，有的学习者可以自觉地进行主动学习。混合式学习会比较多地涉及自主学习，这就对学习者的自制力和动机有较高的要求，对于需要鼓励、激励的学习者来说，就要在进行混合式学习设计时加入激励环节和措施以保证学习者的学习动力。另外，对于混合式学习来说，学习经常是移动着的，即学习的环境是不断变化的，相对于传统学习，混合式学习的环境往往比较复杂，这也对学习者的学习条件有要求。

在认知风格方面，学习者在感知、记忆和思考过程中的态度和风格也影响着学习效果，有的学习者喜欢文字描绘型的知识呈现，有的学习者对于视觉资源会产生积极的兴趣，有的学习者喜欢在情境中学习。混合式学习资源设计中可以设计多元的知识呈现方式，以保证学习者对知识的完整接收。

2. 混合式学习资源设计

混合式学习者的注意力比较容易被分散，如果学习资源的界面优美、生动，具备很强的吸引力，对移动者的学习可以起到帮助作用。学习者会被学习资源的外观和操作行为影响,精美的界面、恰到好处的动画都能产生一种轻松的氛围。有的影响是以潜意识的方式起作用的。

混合式学习资源的界面设计要坚持简单的原则。移动设备的显示区域比较小,因此在设计开发上应遵循以下两点:一是短文本、图形化。文字叙述上保持简洁,尽量使用简短词语构成的短句,能使用图片就不用文字,图片可以快速地捕获学习者的注意力,往往比文字更有效率。二是导航尽量以级联形式为主:导航的层次不要太多,能起到知识学习的向导作用即可。

另外,混合式学习的界面设计要保持一致性。一是在同一资源中界面设计、操作方式保持一致,使学习者能够在一个应用中将掌握的知识和技巧转移到其他应用中。二是界面设计的一致性,要遵守和使用人们熟悉的标准和范例,为用户提供始终一致的体验。

3. 混合式学习活动设计

随着移动技术的发展,混合式学习已经从以前的理论研究发展到现在大规模地进行教学实践应用,混合式学习也已成为教学的一种形态,所以有必要对混合式学习的活动进行分析研究,进而对混合式学习活动开展设计,更好地为教育服务。

(1)混合式学习活动特点

混合式学习是基于移动终端在多样化的学习环境中随时随地地提供学习服务,这与传统学习的教学组织形式有很大的区别,混合式学习活动的特点也与传统教学不同。

其一,从学习环境上来看,混合式学习是随时随地发生的,不受地理条件限制。混合式学习可以是在学校内教室里发生的学习,也可以是在学校外生活中的任何场景下发生的学习。可以是在正式学习时的课堂上使用移动设备进行一些互动,也可以是在非正式学习场景下利用空闲的一点碎片时间进行阅读、浏览等学习操作。还有一些混合式学习是发生于真实的情境中,如一些博物馆、科技馆利用混合式学习设备使学习者与真实的情境交互,从而在这种交互中更好地接收信息。

其二,从学习形式上看,混合式学习形式更多样,学习者自主性大。移动设备可以更好地展现各种媒体文件,学习者可以选择自己喜欢的方式接收信息,也可以按自身的学习风格来选择学习行为发生的时间、地点,还可以随时通过网络访问混合式学习资源。

其三,从学习活动的交互上看,混合式学习为学习活动中的交互提供了更方便、快捷的交互与反馈途径。学习活动中的交互包括学习者之间的交互、学习者与教师之间的交互、学习者与学习资源的交互、学习者与学习情境的交互。学习者与学习者、教师之间的交互可以通过移动终端进行沟通,也可以通过一些混合式学习平台,提供及时有效的教学反馈。在混合式学习里,学习资源是学习者接触到的关键对象,有的学习资源可以借助一定的技术,根据学习者的需求和能力对学习资源进行调整,使之更适合这个学习者。而通过精心设计混合式学习的情境,可以使学习者充分地融入所创建的情境中,真正进入角色。

(2)混合式学习活动流程

学习者在进行混合式学习时,一般会遵循着混合式学习的活动流程进行学习,这也符合一般学习者的心理发展过程。

在进行混合式学习活动设计时,可以通过任务驱动来为学习者搭建支架,通过目标的确立来设计任务。在此基础之上设计生活情境、问题情境等来帮助学习者获得比较好的学习体验,并且能够迅速参与微型学习活动。活动常见的呈现形式有学习阅读、交流讨论、问题解决、头脑风暴、拓展阅读等,这些活动形式可以是在混合式学习平台上呈现图文视频等各种媒体形式的学习资源;也可以通过创设情境来提出问题,并让学习者在学习之后进行解决;还可以在讨论区提出观点,让学习者交流讨论,开展头脑风暴,进行思想碰撞。

第二节 信息化背景下高校英语混合式教学的优势与要素

一、信息化背景下高校英语混合式教学的优势

(一)方便灵活

信息科技与互联网的发展及其所带来的便利,使得英语教学视频可以在网上广泛传播,多样化的视频教学形式,如专题讲解、碎片化学习、视听说一体的视频教学等教学形式开始出现,使得英语教学的灵活性大大提高。首先,学生可以通过网络方便快捷地获取多元化的教学资源,不受时间和空间的限制而进行碎片化的学习。其次,教师可以网络资源提升自身的专业素质和水平,从而开展形式灵活、多样化的优质教学,提高英语课堂教学效果。

(二)贴合需要

在大学英语教学中运用线上线下混合式教学模式,能有效加强学生的学习体验,提升学生的学习效率,而且切合学生的实际需求。首先,网上含有大量的英语教学视频,学生可以根据自身的水平和学习需求,自主选择优质课程,有针对性地利用教学资源。其次,通过线上线下混合式教学模式,学生可以获得丰富的学习体验,会形成自主探究的学习习惯,满足个性化发展需求。

(三)切入精准

相较于传统的教学模式,线上线下混合式教学模式切入点精准,在整体上能够扩展学习空间。该教学模式引发了教师主导的课堂格局的改变,通过丰富的线上资源来充实课堂内容,并且通

更清楚一些。多媒体网络教室的设备还有监控功能,当学生自主学习时,教师可以检查学生的学习情况,发现其中的问题,从而对教学过程进行更合理的调控。学生如果在听讲或自主学习中有疑问,可利用电子举手功能向教师提问。教师可以利用辅导答疑功能来对学生进行个别指导,有针对性地解决学生在学习中的个别问题。另外,教师还可以组织学生交流经验,讨论问题,对于普遍存在的共性问题,集体处理。这样可以在一个整体的系统中将诸多环节联系起来,使课堂教学结构更加优化,而且学生在交互式的环境下有更多的机会去实践,学习效果会有所提高。

(1)丰富教学内容,提高课堂效率

教师制作多媒体课件,要以教学目标、教学内容及教学需要等为依据而进行,在课件制作中分类建库,分类储备各种教学资料,如教案、图片、实验用具等,以便在课堂教学中快速调用这些准备好的资源。多媒体网络教室集图书室、资料室、实验室于一体,与互联网连接,在课堂教学中教师可以获得教学所需的资源信息或校园网上的共享资源,借助丰富的教学资源来创设教学情境,使教学时空进一步拓宽,这也有助于良好课堂氛围的营造,既轻松愉悦,又保持适度的紧张。学生利用学习机也可以实现学习资源的共享,在获得这些资源的基础上充分发挥主体作用。这种教学方式具有高密度、高效率的优势,可促进课堂教学效率的提高。

(2)丰富教学内容的表现形式

多媒体信息符号的表现形式有很多,如文本、图形、图像、动画、音频、视频等形式都很常见,这些常见的信息形式经过计算机的集成处理构成了多媒体信息结合体。在网络教室环境中可以用很多种形式来呈现多媒体信息,教师要选择最适合、最有效的表现形式来传授教学内容,可以单独使用某种表现形式来传递信息,也可以将多种表现形式结合起来传递教学信息,从而达到抽象理论具象化、静态知识动态化的效果,这有助于将学生的学习兴趣激发出来,对学生的学习能力及多元智能进行培养。

(3)可优化组合多种教学形式

在课程教学中,教师可将本校服务器中的多媒体教学软件结合起来进行全面教学,学生在自主学习中也可以对学校服务器中的学习资源自由访问,提高自主学习能力。另外,教师与学生查询与运用网上资源都可以达到实时性的效果,这有助于师生之间以某个特定主题或教学任务为中心而展开互动,通过讨论室进行讨论,从而快速完成教学任务,使学生全面理解问题,这也为课堂中小组合作学习、自主探究学习以及讨论协商学习等多种学习形式的优化组合运用提供了方便。

(二)教学内容

1. 创设情境,使学生在真实情境中掌握和运用知识

在传统英语教学中,往往从具体情境中将英语知识抽离出来,抽离出来的知识是抽象性、概括性的,虽然这样可以将具体情境中的"本质"内容(概念、规则、原理等)体现出来,但知识运用的具体性与情境性却被忽视了,这样学生虽然掌握了知识,却在具体的任务情境中或遇到现实问题时无法运用所学知识,学习结果无法顺利迁移到现实中。要使学习者在建构层面掌握所学知识,也就是不仅掌握知识的表面,也深刻理解知识表面所隐含的性质、规律及相关关系,最好为学习者创造真实或接近真实的情境,使学习者在亲身参与中去感受、体会,获取直接经验,而不是从教师的口头讲解中去获取。

对此,在信息化英语教学设计中,英语教师要注重对真实问题情境的创设或对真实任务的设计,使学习者尽可能在真实的情境中完成所有学习活动。这里要注意一点,真实情境与现实情境不同,不一定要真实客观存在,情境有很多种类型,如基于学校的情境、基于自然或社会生活的情境;想象虚拟的情境、真实现实的情境等,在英语课堂教学中不管是创设哪种类型的情境,都只有一个原则,就是使学习者能够经历类似于真实世界的

认知挑战。

2. 利用学习资源为学生的自主学习和协作学习提供支持

在信息化英语课程教学设计中,要将丰富多彩的信息化学习资源提供给学生,并在学生获取学习资源、分析处理学习资源、编辑加工学习资源的过程中提供引导与帮助,从而为学生的探索学习、分析解决学习中的问题提供支持。有些学生对信息化学习资源不熟悉,也不习惯运用,对此,教师要加强对信息化资源的普及,不断鼓励学生使用信息化资源,使学生充分认识到这些学习资源给其自主学习带来的便捷与好处,然后借助现代信息化学习资源来更好地进行自主学习、合作学习。

3. 为学生提供有效引导、支持

信息化英语课程教学设计强调学习者充分发挥自身的主体作用,主动学习、主动探索,但因为学习者的知识结构还比较单一,认识水平还比较低,也缺乏实践经验,所以在学习自主学习的过程中,教师也要适当地进行指导,在关键时刻给予帮助,如为学生提供丰富的学习资源、反复示范正确的技术动作、为学生提供咨询服务、创设问题情境启发学生思考与探索等,对于那些自我调控能力差的学生,尤其要给予引导和帮助,以免学生因不熟悉新的内容或在学习中受挫而消极被动学习,影响学习效果。

4. 强调协作学习

信息化英语课程教学设计强调英语教师要重视设计协作学习方式,具体包括学生之间的协作、师生之间的协作、学生与他人之间的协作、各主体之间面对面的协作以及在计算机信息技术支持下的信息化协作等。协作学习不仅是学习者发展的需要,也是社会发展的需要,因此信息化教学设计特别强调协作学习。现在,社会分工的细化趋势越来越明显,知识增长也极为迅速,需要协作配合才能完成的工作越来越多,所以在现代人才的评价中,将协作意识与合作能力作为一个重要判断标准。

从学习者方面来看,不同的学习者有不同的成长经历和知识经验,面对同一知识或问题,不同学习者的理解可能不同,学习者个人的理解可能是存在局限性的,或者说比较片面、肤浅、不充分、不完善,也有可能就是错误的,而通过协作学习,学习者之间相互沟通交流,每个学习者充分表达自己的看法与见解,同时听取他人的不同看法,在这个过程中学会聆听、接纳、互助、共享,在不同观点的碰撞中更好地理解知识与问题,这时的理解比之前个人的理解更充分、全面、完善、深刻。

5. 在学习和研究活动中将"解决问题"和"任务驱动"作为主线

信息化英语课程教学设计强调不要将学习孤立看待,而要将其与更多的问题、任务联系起来,以"解决问题"和"任务驱动"为主线进行学习,学习者主动投入真实的问题情境或人物情境中,以完成学习任务,解决学习问题。英语教师在信息化教学设计中要多鼓励学生结合现实生活探究学习相关问题,将学习者的高水平思维激发出来,培养学生的高级思维能力。很多学习任务与学习问题背后都隐含着丰富的知识与技能,学生在自主学习或合作学习中探索这些知识与技能,在探索中逐渐掌握并学会运用,这有助于提高学生的探索能力。

6. 强调面向学习过程的质性评价

传统英语教学设计习惯上将简单的知识与技能作为评价学生学习成果的唯一标准,这在信息化英语教学设计中是不允许的。信息化英语教学设计强调在英语教学评价中应将师生在课程教学中的所有情况都考虑在内,强调在真实的评价情境下进行评价,主张凡是具有教育意义的过程与结果,都应该对其进行恰当的评价,不论其是否符合预定目标。此外,信息化英语教学评价还强调对学生学习能力的评价,但不是通过学习结果来评价其学习能力,而是通过其在整个学习过程中的学习行为来评价其学习能力的变化发展,最后做一个评估报告,将此作为改进教学与进一步培育学生学习能力的依据。

第三节　信息化背景下高校英语混合式教学的步骤与策略

一、信息化背景下高校英语混合式教学的步骤

线上线下混合式教学模式在英语教学中的应用大致分为以下三个阶段。

(一)课前阶段

在基于线上线下混合式教学模式的英语教学中,教师在授课之前要针对具体的教学内容和学生的学习情况选择切合的课程资源,并且结合实际情况设计能够培养学生自主学习能力的学习任务,以充分利用教材和网络课程资源。例如,"朗文交互学习平台""新理念外语网络教学平台"等都是可以实现师生交互的移动网络平台,通过这些平台,教师可以将教材中所涉及的学习计划、学习目标、学习重点、学习难点、学习主题等相应的预习内容和学习任务等,及时发到学生手中,学生可以根据任务的要求通过不同的方式,如个人独立思考、小组讨论等,有效地获取知识背景,高效地完成预习任务,而且在这一过程中,自主学习能力也会相应地提高。在这一阶段,教师可以利用自主式的学习平台,充分实现师生之间的互动,为学生提供有效的在线咨询,为学生答疑解惑,向学生提供有针对性的辅导和帮助,进而切实提高学生的自主探究精神和自主学习能力。

(二)课堂阶段

所谓线下,也就是课堂上的面授。在这一阶段,主要是通过课堂的教学平台和自主学习平台的相互融合,展开具有针对性的多媒体辅助教学。首先,教师根据学生对课前预习的完成情况进行检查和分析,重点指出相关问题。其次,运用多媒体创设富有情境化的教学内容,进一步提出问题,引发学生积极思考,进一步激发学生的探究意识。再次,教师结合教学实际情况和单元主题,设计相应的学习任务,鼓励学生积极讨论,也可以通过情景对话、角色扮演等方式,激发学生参与的积极性,促使学生主动参与课堂教学活动。最后,教师鼓励和引导学生进行总结和反思,可以让学生进行自评或学生之间进行互评,进而总结学习内容,激发学生的学习动机和自主探究精神,巩固学习知识,同时提升协作互助意识和英语应用能力。

(三)课后阶段

在课后阶段,教师可以通过线上线下混合教学模式进一步补充相应的学习材料,有效拓宽学生的视野,加深学生对所学知识的理解和掌握程度。在课后,学生也可以利用网络平台寻找相应的复习资料,进一步加深学习效果,增加练习的实践,扩大知识范围,更好地完成相应的学习任务。课后巩固延伸了课堂教学的空间,能够显著培养学生的自主学习能力,也能够为学生养成良好的终身学习习惯打好基础。

二、信息化背景下高校英语混合式教学的策略

(一)带疑探究—讲授示范—动手操作型

(1)教师要根据课程教学的目标找到一个或几个富有探索性的问题,然后将问题以适当的时机和方式向学生提出,并引导他

们利用已有的信息技术找寻解决问题的方法。

(2)教师利用分解法,将问题由一分多,细致讲解每一个小问题,并进行必要的问题解决示范。

(3)学生通过教师的讲解与示范开始尝试解决问题,在这一过程中如果遇到新的问题便开始思考及向教师提出问题,得到解答后再行操作,直到问题得到解决,最终掌握知识和技能。

(4)教师评价学生的学习表现,学生之间也要进行互评。

(二)任务驱动—协作学习型

(1)教师以教学内容中的重点和难点为依据,灵活设计信息技术的教学任务和目标。对于任务的设计要遵循由易到难、由简到繁、由外到内。

(2)教师给学生布置教学任务,然后让学生自由选择自己的合作伙伴来共同协作开展研究。学生在研究学习的过程中对所获得的一切信息和资料都要注重和同伴分享,一起讨论,一起研究。

(3)教师对学生的学习活动进行总结性评价。考察的重点在于学生对信息技术的应用能力。

(三)自主—监控型模式

自主—监控模式的教学地点是在建立了网络的教室里。具体学习模式为,学生将教师提供的教学资源利用起来进行学习,教师则观察学生的学习过程。为了给学生创造良好的自由氛围,教师可在教室外通过监控观察。当教师发现学生在某环节中遇到问题,则应适当提供帮助。在自主—监控模式中,学生可根据需要使用网络资源。自主—监控模式的实施程序如下。

(1)教师根据教学目标对教材予以分析,然后以教师认为的最理想的方式向学生呈现教学内容。

(2)学生在接受了学习任务后,需利用相关资料或信息进行独立学习或协作学习。在此过程中,教师的任务是观察、监督,并在必要的时候提供适当的指导。

(3)教师对学生的学习活动进行总结性评价,总结评价具体到个人。

(四)群体—讲授型模式

群体—讲授型模式是面向多数人(通常为一个班)进行教学的模式。在这种模式下应用的信息技术只是作为一种教学手段出现。该模式的特点主要如下。

(1)集文字、图片、声音、图像等多媒体展现教学内容于一身,让学生对课堂教学活动有更为直观的认识和理解,而不再是过往的那种过于抽象的感觉。

(2)使用便捷、简单、易操作,如此得以将教学内容快速、及时地呈现出来,这无疑可以大大提高教学的效率。

(3)过往教学中那种宏观、微观以及空间等因素都不再成为限制,如此更加方便教师对教学重难点的把控与教学。

群体—讲授型模式的实施步骤如下。

(1)教师在备课阶段就要全面掌握教学内容,并对教学中需要的图片、视频等资料细致选择,对需要演示的课件要设计得当。

(2)教师努力创设教学情境,将教学信息展示给学生,引导学生思考。

(3)教师对教学活动做总结性评价。

(五)讨论型模式

讨论型模式是教师与学生通过网络进行的实时或非实时交流的一种教学模式。对于这种模式的应用,通常是由教师提出某一问题,然后由学生主要讨论问题。对于学生的讨论,教师要一一听取,这是了解学生学习思维和发现其中可能的问题的好机会。如果发现问题,教师要及时指导。这是一种对学生非常友好的教学模式,不过需要耗费一些时间,教学效率相对较低。该模式的基本步骤如下。

(1)教师根据教学目标对教材予以分析,然后以教师认为的最理想的方式向学生呈现课件或网页类的教学内容。

(2)学生接受任务后,由教师指导查阅资料或信息进行独立学习或合作学习。要确保在完成学习任务的过程中使用信息技术。

(3)教师要对学生的讨论予以总结,学生间也可以互评,当然也可以评价教师的一些观点。

在讨论型模式中,教师要始终尊重学生的主体作用,要允许学生发散思维,对学生的一些奇异思维不要打断,而要做到先倾听,这是鼓励他们尝试创新的良好开始。

(六)研究型课程

研究型课程与当下常见的科学研究的方法已经非常接近了。学生在这种模式的课程中利用信息技术作为工具来分析、归纳、整理各种资料,找寻对解决问题有帮助的信息。

研究型课程中的整合任务是课后的延伸,超越了传统的单一学科学习的框架,它会根据学生个体的认知水平以主题活动的形式呈现生活中的一些问题,以此激发学生的研究兴趣,并完成相应的学习任务。

学生在研究型课程模式中的学习,在设计研究方案、实施方案以及完成任务等环节中都享有相当高的自由度,教师更多只是在选题和资料收集环节中提供些许帮助,如此更能突出学生的主体性和参与性。不过,教师提供的帮助仍旧是不可或缺的,甚至这可能决定学生研究型学习最终的成败。

第四节 信息化背景下高校英语混合式教学的具体模式

当前,互联网技术环境已经成为21世纪人们的基本生活环境,就信息化视角来说,人们逐渐使用互联网来展开教育模式的变革,这种变革在大学英语教学中的体现更为明显。在互联网教育背景下,大学英语教学更具有灵活性,也让学生提升了学习的积极性。但是,传统的教学模式已然与当前的时代要求不相适应,需要进行变革,因此新的教学模式产生。本节就来分析在互联网教育背景下大学英语教学的一些新模式。

一、慕课教学模式

(一)慕课教学的内涵

慕课全称是"大规模在线开放课程(Massive Open Online Courses)",英文简称为 MOOC,这一模式源于美国,在短短数年间,被全世界广泛运用。慕课这一模式是具有分享与协作精神的个人组织而成,将优质课程予以上传,让世界各地的人们可以下载与学习。慕课教学与传统教学模式的比较如图 3-2 所示。

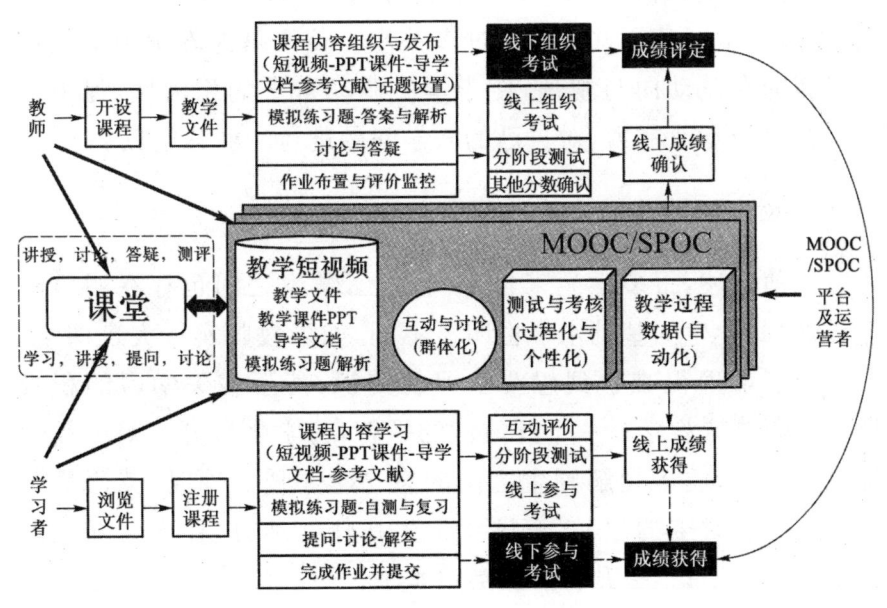

图 3-2 慕课教学与传统课堂的比较

(资料来源:战德臣等,2018)

从形式上说,慕课教学就是将教学制成数字化的资源,并通过互联网来教与学的一种开放环境。本质上看,慕课教学是一种与传统课堂相对的课堂形式,因为其基于互联网环境而发送数字化资源,实施的是线上教学。学生完成了网上课程学习之后,通过在线测试,可以获得证书或证明。

(二)慕课教学的优势

英语慕课教学在大学英语教学中的运用必然会导致教学方式与理念的变革。这就是说,慕课教学对当前的大学英语教学具有重大的作用,具体而言主要有如下优势。

1. 为学生提供能力培养平台

我国的大学英语教学在不断发生变革,但是总体上还是将重心置于基础知识教学层面,这一教学模式必然对当前的英语教学产生负面影响,即很难帮助学生提升自身的综合能力。受其影响,很多学生对英语并未给予过多关注。英语慕课教学为学生提供了新的专业动向与视角,便于学生调动自身的积极性,促进他们提升自身专业能力,对自己的教学问题进行专业化解读。

2. 对不同学生的水平进行平衡

如前所述,很多学生来自不同地区,学生之间也存在明显的差异,因此学生的基础水平也明显不同,如果教师实行大班课堂,那么很多学生很难学到想要学习的知识,甚至丧失学习的积极性。英语慕课教学是一个开放性的平台,为学生展开一对一教学提供了平台,便于缓解师生之间的教与学矛盾。同时,英语慕课教学也不受时空的限制,有助于学生在任何地方、任何时间巩固自身的英语知识,提升自身的英语水平。

(三)慕课教学的实施

一般来说,在互联网教育模式下,慕课教学往往会通过如下

第三章　信息化背景下的高校英语混合式教学模式研究

几个步骤来展开。

1. 多层次设置课程

就当前的大学英语教学而言,慕课教学对传统的大学英语教学模式的单一状况进行了改革。从教师资源来说,传统的教师资源是非常有限的,很多课程的讲述也缺乏针对性。基于这一点,慕课教学从学生的需求与兴趣出发,对文化课程进行设置,大大提升了学生学习的兴趣和积极性,便于学生提高文化学习的质量与效率。

2. 采用多种教学方式

虽然很多学校都推进英语文化教学改革,上课方式也不再是单一的形式,但是仍旧以知识点讲授为主,即便应用了多媒体,也都是以辅助形式呈现的,只是教师板书的一种替代形式。但是,慕课教学使得教学方式更加多样化,学生即便不在校内,也可以获得知识,甚至通过 Ipad 也能够学习。

3. 采用多渠道的考核方式

在互联网教育背景下,大学英语教学中的慕课教学设置了多样化的考核方式,如果仅靠传统的笔试或论文形式,那么很难检测出学生的能力。在慕课教学模式下,可以实施开放性考核与个性化考核。这样多样化的考核可以不断激发学生的学习兴趣与积极性,从而更好地进入下一阶段的学习。

二、微课教学模式

(一)微课教学的内涵

对于"微课"的概念,目前还未统一,不同的学者观点不同,下面介绍一些有代表性的关于微课的观点。最早提出"微课"这一概念的学者是胡铁生,他通过借鉴慕课的定义,认为微课即微课程的简称,即以微型视频作为载体,对某一学科的重难点等教学知识点与教学环节来设计一个情境化且支持多种学习方式的网络课程。①

之后,胡铁生又对这一观点进行了改进,认为微课是根据新课程标准及课堂教学的实际情况,以教学视频作为载体,对教师在课堂中针对某一知识点或教学环节而展开的精彩教学活动的有机结合体。②

郑小军、张霞则认为,微课不等同于课堂上的实录,而是从某个重难点出发创作的视频,即微课聚焦了重难点问题,将那些有干扰的信息排除掉。③

上述众多学者的概念是非常具有针对性的,在一定程度上将微课的特征反映出来。本书对于胡铁生的定义更为推崇,认为从本质上说,微课是一种支持教与学的微型课程。

(二)微课教学的优势

从微课教学的内涵与构成来看,微课是基于现代的信息技术建立起来的,与英语教学大纲相适应,是一种新型媒体在大学英语教学上的运用。可以说,基于微课模式的大学英语教学有着很多现实意义,下面做具体分析。

1. 主题鲜明,便于成果简化与传播

由于大学英语微课教学具有鲜明的主题与具体的内容,因此便于成果简化与传播。同时,其传播的方式也是多样化的,如可以通过微博进行传播,也可以通过网上视频进行传播。

---

① 胡铁生.微课:区域教育信息资源发展的新趋势[J].电化教育研究,2011,(10):61-65.

② 胡铁生,黄明燕,李民.我国微课发展的三个阶段及其启示[J].远程教育杂志,2013,(4):36-42.

③ 郑小军,张霞.微课的六点质疑及回应[J].现代远程教育研究,2014,(2):48-53.

2. 资源容量小,并体现情境化特点

一般来说,大学英语微课教学中的视频占据几十兆的容量,因此是非常小的,在格式选择上也多为流媒体格式。在大学英语教学中,微课教学更有助于师生之间、生生之间的互动。

除此之外,大学英语微课教学凸显主题,趋向于明确性与完整性。视频片段作为微课的主线,并对教学资源进行统一整合,构成一个资源包,为学生创造一个真实的学习环境。这些都体现了大学英语微课教学的情境化特点,有助于教师提升自身的大学英语教学水平。

(三)微课教学的实施

虽然大学英语教学中微课教学的设计是当前关注的问题,但是也不能忽视大学英语教学中微课教学的实施。

1. 为微课学习构建平台

大学英语教学中微课教学主要是基于视频建构起来的,同时需要互动答疑、微练习等辅助的模块,这些在之前的英语微课教学的构成中有详细提及。但是,这些模块的构建对于学生文化学习兴趣的提升、教师信息化应用能力的提高等都是十分有帮助的。在这之中,微慕课平台是一个较为创新的平台,即运用微课教学展现慕课教学的专业化与系统性。这一平台结构更为灵活、知识含量更高,是一个较好的平台。

2. 开发微课资源并共享资源

当前的大学英语教学中教学资源设置不平衡现象凸显,而微课教学的出现,使得教学资源可以通过互联网传送到各个地方,便于各个地方及时更新与推进,实现真正地资源共享。

3. 大力推进微课的录制技术

大学英语教学中微课教学要求录制技术较高,并且尽可能保证简单化,使教师便于执行,同时不断提升自身的录制技术。

另外,微课视频研发人员也应该不断对技术进行提升,追求卓越的技术,使得大学英语教学中微课教学的实施得到更大范围的推广。

三、翻转课堂教学模式

(一)翻转课堂教学的内涵

通常来说,大家对翻转课堂最朴素的解释就是,将传统的课堂学习和课后作业的顺序进行颠倒,即将知识的吸收从课堂上迁移到课外,知识的内化则从课后转移到课堂,学生课前在网络课程资源和线上互动支持下开展个性化自学,课堂上则在教师引导下通过合作探究、练习巩固、反思总结、自主纠错等方式来实现知识内化。

目前看到的最初的翻转课堂实施结构模型(图3-3)来自美国富兰克林学院数学与计算科学专业的罗伯特·塔尔伯特(Robert Talbert)教授,他在"线性代数"等很多课程中应用了翻转课堂教学并取得了良好的教学效果。这一模型为后续学者、专家进行教学模式探索提供了基本思路。

随着教学过程的颠倒,教与学的流程、责任主体、师生角色、课内外任务安排、学习地点和备课方式等方面都发生了明显变化。与传统意义上的课堂教学结构相比,翻转课堂颠覆了人们对课堂模式的思维惯性,改变了学生学习流程,从新的角度揭示了课堂的新形式、新含义。有人认为,"翻转课堂"打破了持续几千年的教学结构,颠覆了人们头脑中对课堂的传统性理解,倡导先学后教、以学定教,赋予了学生学习更多的自主性和选择性,强化

第三章　信息化背景下的高校英语混合式教学模式研究

了师生之间的沟通与交流，实质是学生学习力解放的一次革命。这不仅契合了国家教育信息化发展规划指导思想的核心——创新学习方式和教学模式，它也因此被称为是传统教学模式的"破坏式创新"，成为信息技术与学习理论深度融合的典范。

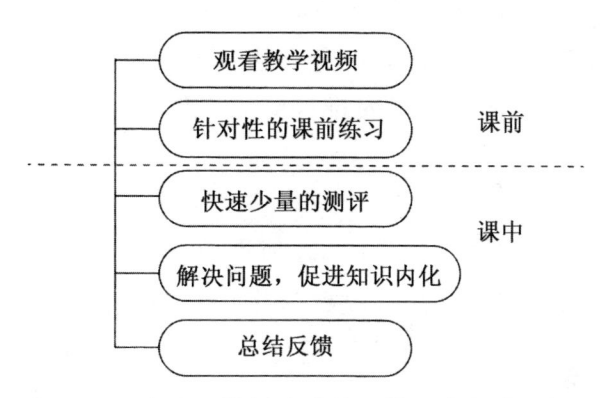

```
┌─ 观看教学视频
├─ 针对性的课前练习      课前
─────────────────────────
├─ 快速少量的测评
├─ 解决问题，促进知识内化  课中
└─ 总结反馈
```

图 3-3　罗伯特·塔尔伯特的翻转课堂教学结构图

（资料来源：孙慧敏、李晓文，2018）

（二）翻转课堂的优势

翻转课堂教学为英语教学改革提供了新的平台与良好的契机，从本质上体现了英语教学改革的深化，帮助英语教学突破困境，为学生的英语学习提供便利。下面就具体分析英语翻转课堂教学的优势。

1. 便于学生开展个性化学习

由于国内学生很多都是来自各个地方的，他们的基础水平不同，对英语的认知程度与爱好程度不同，因此呈现了明显的参差不齐。虽然现代的教学研究领域对这一点已经予以关注，但是传统的英语教学模式很难改变这一现状，尤其是很难实现分层教学，相比之下，英语翻转课堂教学恰好能从学生的学习兴趣出发，根据学生自身的能力展开教学，这样可以使不同阶段的学生获取符合自身水平的知识，从而循序渐进地展开英语学习。

2. 便于学生自由安排时间

英语翻转课堂教学有助于学生对自己的英语学习时间进行安排,尤其是对于毕业生而言,有助于他们平均分配自身的学习时间,将一部分时间用于自身的实习工作上,另一部分时间用于开展知识的学习。对于这一部分学生而言,英语翻转课堂教学非常适合他们,便于他们恰当安排自身的工作与学习时间。

3. 便于差等生反复学习

在传统的英语课堂教学中,教师将教学的重心置于那些优等生身上,因为在教师的眼中,这些学生可以紧跟教师讲课的步伐,愿意参与到自身的教学之中。但是,教师不能忽略的一点是,班级除了这些优等生之外,还有一些英语水平薄弱的学生,这些学生在课堂上往往是被动地听课,很难追赶上教师的讲课步伐,基于这些学生的情况,英语翻转课堂教学可以帮助他们开展反复的学习,即对教师课堂讲授的内容进行循环播放,以获取与理解所讲知识,直到真正地明白。另外,英语翻转课堂教学有助于教师节省时间,让他们将更多的精力放在那些差等生身上。

4. 便于人性化的课堂管理

在传统的英语课堂教学中,教师为了让学生能够更好地获取知识,往往对课堂管理非常注重,强调学生应该集中注意力。这是因为,在教师的眼中,如果学生被某些事情扰乱了思绪,那么必然会影响他们的学习进度。相较于传统的英语课堂教学,英语翻转课堂教学是不存在这一情况的,这可以从如下三点来理解。

第一,英语翻转课堂教学将学生的主动权归还给学生。英语翻转课堂教学强化了师生间、生生间的互动关系,让学生有了足够的主动权,发挥自身的主观能动作用,投入到学习之中。虽然在传统的英语课堂教学中,教师也会对学生进行辅导,但是基于传统理念,教师的辅导仅限于形式上,教学活动仍旧在于讲授,学生并未占据主体地位。在"互联网+"背景下,英语翻转课堂教学使得学生的主体地位得以确立,学生能够根据教师给予的资源开展自主学习,然后遇到不懂的情况,可以在课堂上与教师展开讨论,这样自己的知识久而久之就不断深化了。

第二,英语翻转课堂教学对传统的教学模式中学生的学习态度与观念进行扭转。在英语翻转课堂教学中,学生的学习内容是从自身的需要考量的,根据自身的兴趣来定位。基于总体学习目标,学生根据教师提供的学习资料与路径,对自身的知识进行建构,提升自身的英语水平。

第三,英语翻转课堂教学逐渐降低了学生对教师的依赖程度。也就是说,在英语翻转课堂教学下,学生知识的习得是最主要的,他们并不完全依赖于教师,因此学生占据主体地位。英语翻转课堂教学要求学生要自主学习,在他们的自主学习中,往往会需要其他同学的帮助,久而久之就会形成一种习惯,然后愿意去接受与学习知识,并展开与其他同学的探讨,这样不仅有助于提升自身的英语水平,还有助于加强自身与他人的交流。

(三)翻转课堂的实施

翻转课堂作为一种颠覆传统课堂的教学模式,其教学设计过程当然不同于传统教学设计过程。虽然国内外出现了各种各样的翻转课堂教学,但它们都建立在课程资源、教学活动、教学评价和支撑环境这些要素的基础之上,因而翻转课堂教学的设计也是以此为依据的。

1. 设计英语教学过程

美国创新学习研究所(Innovative Learning Institute,ILI)提出了翻转课堂设计流程。ILI认为,翻转课堂的设计过程主要包括确定学生课外学习目标、选择翻转内容、选择传递方式、准备教学资源、确定课内学习目标、选择评价方式、设计教学活动、辅导学生八个主要环节。

息化教学资源的概念就出现了,它是指在以网络和计算机为主要特征的信息技术环境下,为教学目标而专门设计的或者能为教育目标服务的各种资源,包括教育环境资源、教育人力资源和教育信息资源。

随着信息化资源的发展与教育应用,翻转课堂教学理念才得以提出。从上述翻转课堂的完整过程可知,支持翻转课堂需要用到的信息化教学资源主要包括教学视频、进阶练习、学习任务单、知识地图和学习管理系统五大类。

翻转课堂教学的实施,不仅需要上述教学资源作为主要资源,还需要借助一定的教学辅助工具软件,该类教学资源几乎贯穿于翻转课堂的全过程,其作用主要是帮助教师进行教学视频的制作、师生间开展交流协作、学生学习成果的展示等。按照作用于翻转课堂教学开展过程中的不同方面,可以将教学辅助工具分为视频制作工具、交流讨论工具、成果展示工具和协作探究工具四类。

其二,遵循资源选择原则。翻转课堂的资源包括教学视频、进阶练习、学习任务单、知识地图、学习管理系统和各类教学辅助工具等。每一类资源都不是完美的,不存在放之四海而皆准的资源。每类资源都各具特点,并且每类资源可供选择的具体资源种类、载体类型众多,因此教师应根据教学实际需要选择合适的翻转课堂的教学资源。一般而言,翻转课堂教学资源的选择需遵循最优选择原则、具有较强兼容性原则、多种媒体组合原则。

最优选择原则是指教师根据教学内容和教学目标的要求,选择存储和传递相应教学信息并能直接介入教学活动过程中的载体,就是选择教学资源。

具有较强兼容性是指当众多便携式的移动智能终端在大学英语教学中广泛应用以后,大学英语教学不仅变得更加高效,也发生了一场变革。在这种情形下,翻转课堂理念变得普及起来,翻转课堂的应用也得以在大范围内开展。翻转课堂实施的普遍现象是,学生利用各类移动设备,如平板电脑、智能手机等进行课外自主学习,课内教师利用移动终端设备进行授课。因此,资源载体的改变,迫使资源的形式也做出相应的改变,要求其必须兼容各类学习终端设备,在各类终端设备中都能流畅运行。

多种媒体组合是指翻转课堂教学真正做到了以学习者为中心,这对后期的教学资源的选择也有着一定的指导作用。在选择教学资源时,教师应该考虑学生的兴趣、生活现实,尽可能选择丰富的教学资源形式,即有机结合文字、图片、声音、视频、动画等多种媒体形式。

3. 设计英语教学活动

根据前面所述的翻转课堂的完整过程,翻转课堂教学活动设计包括课外活动设计和课内活动设计两个部分。

其一,设计课外学习活动。翻转课堂的课外学习活动一般属于线上活动,主要包括以下几类。

在线学习。在课外,学生通过阅读相关的电子书籍、资料或观看教师提前准备好的讲授视频,掌握并理解课程中重要的信息。在线学习主要有阅读电子教材和观看教学视频两种形式。有时为了加深学生对信息的理解,在线学习的材料还附加一些引导性问题、反思性问题、注释、小测验等,用于辅助学生进行自主学习。

交流讨论。通过在学习管理系统中开辟一个专门的讨论区,或借助专门的在线交流工具,教师和学生以课外学习内容为主题展开交流和讨论。讨论主题既可以是教师预设的,也可以由学生创设,这样一种师生在线辅导和生生自组织学习的学习模式就形成了。借助这种学习模式,学生掌握学习内容的速度较快,并且掌握的层次较深,从而为课内的学习活动做好准备。

在线测评。在学生完成了新知学习的任务后,可以进行在线测评。在线测评一般采用低风险、形成性的评价方式,不仅检验了学生的学习成果,还提供一个学生反馈问题的机会。通过在线测评,教师和学生在课内教学活动开展前针对问题提前做好准备。

  其二,课内学习活动设计。根据翻转课堂的特点,影响翻转课堂教学效果的最大因素是如何通过课堂活动设计完成知识内化的过程。在设计课堂活动时,关键要看情境、协作、会话等要素是否有利于学生主体性的发挥,从而促进学生达到高阶思维能力的目标。课内学习活动一般可以分为个体学习活动和小组学习活动。

第四章 信息化背景下高校英语词汇与语法知识的混合式教学

在英语语言系统中,词汇和语法是最基本也是很重要的组成部分,它们也是教师教学和学生学习的重要内容。词汇是构建英语大厦的基石,语法则是词汇组成句子、段落与语篇的规则,如果不能掌握词汇和语法知识,是不可能有效运用英语的。本章就对信息化背景下高校英语词汇与语法知识的混合式教学进行研究。

第一节 信息化背景下高校英语词汇知识的混合式教学

一、高校英语词汇教学

(一)什么是词汇

词汇是构成语言整体的重要细胞,是语言系统赖以存在的支柱,"如果把语言结构比作语言的骨架,那么是词汇为语言提供了重要的器官和血肉"。[1] 可见词汇对于语言以及语言学习的重要性。那么什么是词汇呢?关于这一问题,不同的学者有着不同的

---

[1] Harmer,J. *The Practice of English Language Teaching* [M]. London:Longman, 1990:158.

解释,可谓见仁见智,以下就对一些有代表性的观点进行分析。

路易斯(Lewis)对词汇进行了解释,他将词汇称为"词块"(lexiealehunk),并把词块分为四种类型:单词(words)和短语(polywords);搭配(collocations);惯用话语(idioms);句子框架和引语(sentence frames and heads)。[①]

陆国强指出,词是语音、意义和语法特点三者相统一的整体,是语句的基本单位,而词的总和构成了词汇。

总体而言,词汇是包含词和词组在内的集合概念,能够执行一个给定的句法功能,是基本的言语单位。

关于什么是英语词汇教学,王笃勤认为,英语词汇教学是一项包含教学的进程和活动的策划在内,将词汇讲解作为教学内容,以学生充分认知和熟悉应用词汇为目标的教学活动。[②]

简单来讲,词汇教学涵盖的范围十分广泛,而且是教学中最基础、最重要,也是最困难的环节。

(二)高校英语词汇教学的问题分析

1. 教学方法单一,脱离英语语境

词汇的掌握对英语语言学习的重要性是不言而喻的,但词汇记忆和掌握的过程又是枯燥和困难的,这就需要教师来缓解这种枯燥,需要教师创新教学方法来创设教学情境,营造教学氛围,激发学生学习的积极性和动力。但是就目前英语词汇教学的现状来看,教师并没有将心思花在教学方法的创新上,而是依然采用陈旧的教学方式,既教师领读单词,讲解词汇用法,学生记忆单词。基于这种课堂教学模式,学生的主体地位被忽视,只能被动地学习和记忆,积极性根本无法调动起来,甚至还会产生抵触情绪。此外,教师在教学中对词汇的整体性认识不足,没能将词汇

---

① Lewis, M. *Second Language Vocabulary Acquisition* [M]. Cambridge: Cambridge University Press, 1997:255.
② 王笃勤. 小学英语教学策略[M]. 北京:北京师范高校出版社,2010:15-16.

第四章　信息化背景下高校英语词汇与语法知识的混合式教学

放到具体的句子或情境中,最终导致学生对一次多义理解不深,限制了学生综合能力的提升。

实际上,任何一种语言都产生于实际应用,要想掌握地道的语言,必须浸润在相应的语境中。我国的应试教育倾向仍十分明显,很多学生学习英语是为了通过考试,教师也将通过考试作为教学的目标,这样一来,就将英语语境的创设与英语教学割裂开来,只追求语言的外在表达方式,而不深入探究其内在的文化与逻辑,从而使得学生用汉语思维去理解应用。例如,"玫瑰"(rose)这一词语在英汉文化中都象征着爱情和美好,除此之外,在中国常用"带刺的玫瑰"形容那些性格刚烈的女子,而英语中常用 under the rose 表示要保守秘密。英语中 rose 的这一文化含义源自英国旧俗,如果在教学中不对此进行说明,学生很难理解和掌握其含义。但实际上,很多教师只从词汇处着手,而未创设语境,这样很难让学生充分体会英语这门语言的魅力,也难以让学生更好地投入学习。对此,教师在教学中应创设符合英语文化背景的语境,从而为学生营造一个英语交流环境,培养学生的英语思维,锻炼学生的词汇运用能力。

2. 教学效果不佳

词汇的学习和掌握要借助记忆来完成,但记忆是一个漫长的过程,如果学生不能在课后及时进行复习和巩固,记住的单词往往会在短时间内忘记。在海量的词汇面前,学生常常会表现出畏惧感,由于缺乏高效的学习方式,加之教学方法单一,使得学生的学习热情不高。而且教师也未能为学生提供应用的机会,这样学生通过死记硬背方式记住的词汇很快就忘记,进而导致教学效果低下,学生的交际能力也受到限制。

3. 忽视跨文化意识培养

很多英语词语意义深刻,蕴含着丰富的文化信息,这些词语称为"文化负载词"。经调查显示,很多学生对这些文化负载词完全不了解。而这种情况在很大程度上体现了教师在词汇教学中忽视了文化负载词部分,未有意识地运用跨文化意识来培养学生的词汇能力。具体而言,教师存在的问题体现在以下几个方面。

首先,对文化教学不够重视。这具体体现为以下几点:教师在备课环节的教学目标没有文化意识目标;教师消极地跟随应试教育的脚步;学校很少组织与英语相关的活动。

其次,教师自身的文化素养不够。英语教师虽然具备了扎实的英语专业知识,但英语文化素养有所欠缺。作为学生的榜样,如果教师的文化素养不高,自然也就无法提高学生的文化素养。

最后,文化教学方法不当。教师文化教学的方法比较单一,基本上是讲授法、多媒体展示法等,大部分教师只是在课堂教学中偶尔提到一些特殊词的文化背景,而很少有意识地渗透文化知识。这种教学方式就造成学生只了解词汇的表面意义,而不理解词汇的深层文化内涵。

事实上,跨文化意识和词汇教学是相辅相成的,教师在词汇教学中融入文化知识,能够提升学生的词汇能力和跨文化意识,而词汇量的增加又能进一步帮助学生更好的理解西方文化,培养自身的跨文化意识。

4. 学生重知识记忆,轻思维锻炼

在词汇学习过程中,很多学生仅仅依靠死记硬背来记忆单词,这种方法并未将思维的锻炼融入进去,学生也很快忘记。实际上,每一个单词都有应用的语境,只有在具体的语境中才能保证准确性,因此学生在对词汇加以理解时需要从具体的语境出发,这样才能实现学生词汇学习的效果。

忽视英语思维的培养是在长久的汉语语境熏陶下产生的惯性思维,很多学生都习惯运用汉语的语言逻辑去理解、解释和使用英语,由于英语和汉语二者背后的文化与逻辑存在差异和冲突,因此必然会影响学生对英语的有效运用。实际上,无论是英语还是其他语言,只有深入了解语言的内在逻辑,才能做到自如运用。英语思维的培养并不是仅仅记忆单词或背诵句子就能做到的,还需要学生充分理解英汉语言背后的文化历史,这样才能做到掌握英语这门语言。

5. 学生对语义内涵的理解程度差

我国学生是在汉语环境下学习英语的,所以在理解英语词汇的语义内涵时,会不同程度地受到汉语文化的影响,而英汉词汇之间的语义不对等现象会对学生的词汇理解带来困难。具体而言,一方面,学生在本民族文化传统的影响下会形成思维定式,在理解英语词汇时会出现文化语义的偏差;另一方面,中西文化观念冲突会让学生思维混乱,对英语感到束手无策。如果教师忽视词汇文化背景知识的输入,学生在理解英语词汇时就会出现偏差,甚至会在使用中产生误用问题。

6. 学生缺乏探究意识

一般来说,学生应该主动地去学习词汇,但是在实际的英语词汇学习中,很多学生仍旧从教师那里获取,不寻找其他的获取渠道,这样的学习就是被动的学习,长此以往,词汇掌握的量也是不充分的。同时,学生不会去主动探究词汇,也无法得知词汇文化的背景知识,这样的词汇学习也会逐渐缺乏兴趣和积极性。

(三)高校英语词汇教学的原则

在高校英语词汇教学中,教师应科学地遵循教学原则,以使词汇教学更加高效、有序地进行。具体而言,教师在开展词汇教学时可遵循以下教学原则。

1. 循序渐进原则

学生的学习都是一步一步、循序渐进地进行的,所以教师在开展高校英语词汇教学时应遵循循序渐进原则。具体而言,在高校词汇教学中遵循这一原则是指教学中在数量和质量平衡的基础上对所教内容逐层加深。基于循序渐进原则,高校英语词汇教学不能仅仅重视学生对词汇数量的掌握,也应重视学生对词汇质量的把握,要做到在增加学生词汇数量的基础上,提升学生对词汇使用的熟练程度。逐层加深是指高校英语词汇教学应由浅入深、层层递进地进行,因为课堂教学中不可能一次性教授词汇的所有语义,学生也不可能一次性掌握全部知识。总体而言,在高校英语词汇教学中,教师要避免急于求成,应由浅入深地推进教学,逐步提升学生的词汇能力。

2. 词汇呈现原则

在高校英语词汇教学过程中,教师首先要向学生呈现词汇。实际上,教师如何呈现词汇,对学生的学习兴趣有着直接的影响。因此,教师要注意词汇呈现的方式,具体而言要确保呈现的直观性、趣味性和情境性。

3. 联系文化原则

高校英语词汇教学应遵循联系文化原则,这是因为语言与文化密切相关,很多词汇都蕴含着丰富的文化,而且词汇学习的最终目的也是进行跨文化交际。遵循联系文化原则是指,在高校英语词汇教学过程中,词义的讲解、结构的分析都应与文化相联系。充分理解语言文化,有助于加深对词汇的理解,全面掌握词汇的演变规律,有效地运用词汇。

4. 情景性原则

词汇教学不应孤立进行,应做到词不离句、句不离段,设置情景,借助情景教授词汇。学生善于模仿、记忆力好、听觉敏感,所以教师应抓住学生的这些特征,为其创设真实的语言情景。教师应根据教材的内容,努力为学生创设良好的语言环境,让学生在较为真实的语言情景中,积极开展练习活动,坚持听、说、做相结合的原则。在情景中教授英语单词,一方面,利于学生对词义的

第四章 信息化背景下高校英语词汇与语法知识的混合式教学

理解,加强记忆;另一方面,方便学生将所学单词应用于交际活动中。

5. 对比性原则

高校英语词汇中的大量词汇均有与其意义对应的词,通过对比、对照等方式将学生容易混淆的词以及内容上联系密切的成对的概念找出来,加强单词的识记。根据神经系统的对称规律,当两种性质不同的语言材料同时出现时,会促进大脑皮层的互相诱导,强化"记忆痕迹",活跃思维活动。

(四)高校英语词汇教学的方法

合理、有效地运用教学方法,可显著提升高校英语词汇教学的效率,优化高校英语词汇教学环境。因此,在高校英语词汇教学中,教师应创新教学方法,提高教学效果。

1. 词汇记忆法

要想有效掌握和运用词汇,首先要记忆词汇,记忆对于词汇学习是至关重要的,因此在高校英语词汇教学中,教师有必要向学生介绍几种记忆词汇的方法。

(1)归类记忆

①按词根、词缀归类。很多英语词汇的构成存在一定的规律,即由词根、前缀和后缀构成,对此教师可以引导学生对词根、词缀进行归类,这样不仅能提高记忆的效率,还能使学生掌握记忆词汇的规律,提高对词汇学习的兴趣。

②按题材归类。教师可以借助日常交谈中的话题来帮助学生记忆词汇。在日常的生活和交际中常会涉及不同的话题,教师可以引导学生将与某一话题相关的词汇进行归类,这样既能有效让学生记忆词汇,又能锻炼学生的交际意识和能力。具体如图4-1所示。

图 4-1 按题材归类

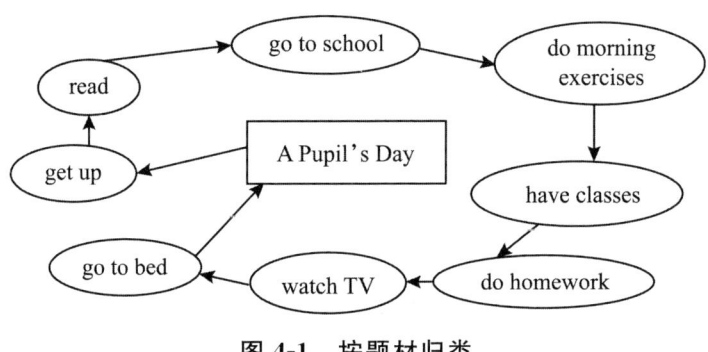

(资料来源:林新事,2008)

(2)联想记忆

联想记忆也是记忆词汇的一种有效方法,具体是指以某一词为中心,进而在头脑中联想与之相关的词汇。这样可以发展学生的思维,使学生的词汇掌握更具系统性,而且记忆效果更佳。如图 4-2 所示。

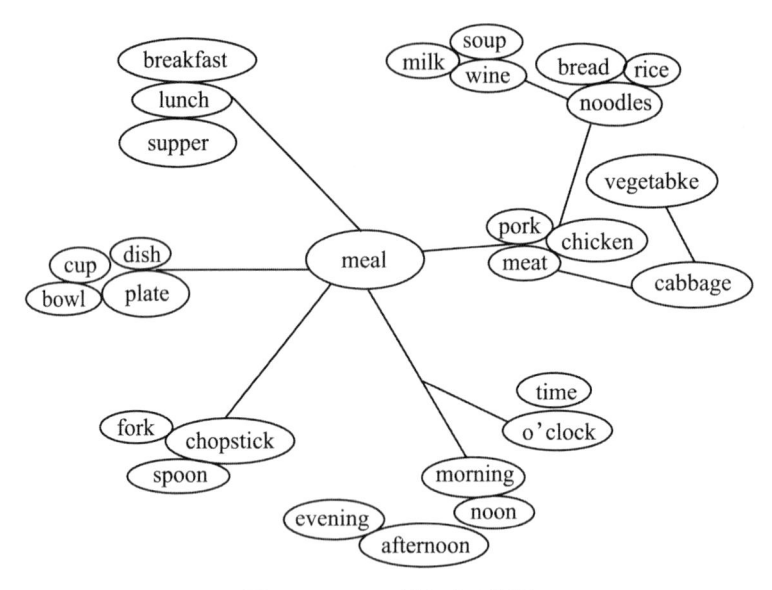

图 4-2 meal 的词汇联想

(资料来源:何少庆,2010)

第四章　信息化背景下高校英语词汇与语法知识的混合式教学

（3）阅读记忆

词汇与其他语言技能有着密切的联系，如词汇与阅读就关系密切，因此可以通过阅读来记忆词汇。具体可以通过精读和泛读来记忆词汇，通过精读可以深入了解词汇的含义，通过泛读可以进行无意识记忆，加深对精读所学词汇的记忆。可以看出，经常进行阅读，不仅可以有效记忆词汇，还能加深对词汇的认识，了解词汇在特定语境中的运用情况。

2. 讲授文化知识法

在词汇教学中，教师可以采用教授法开展文化教学，即教师直接向学生展示文化承载词的分类及内涵等，同时通过图像声音结合的方式列举生动的例子加以说明，直观地培养学生对文化的兴趣。只有熟悉了英语文化，才能让学生透彻地了解英语词汇。学习语言时不能只单纯地学习语音、词汇和语法，还要接触和探索这种语言背后的文化，在语言和文化的双重作用下，才能真正掌握英语这门语言。采用直接讲授法讲授文化，既省事又有效率。而且这些文化不受时空的限制，方便学生查找和自学。

例如，"山羊"/goat，在汉语环境中，"山羊"一般扮演的是老实巴交的角色，由"替罪羊"这一词就可以了解到；在英语环境中，goat 则表示"好色之徒""色鬼"。这类词语还有很多，如 landlord（褒义）/"地主"（贬义）、capitalism（褒义）/"资本主义"（贬义）、poor peasant（贬义）/"贫农"（褒义）等，这些词语代表了人们不同的态度。在词汇学习过程中，要深入了解和尊重中西方文化，这样才能更好地将词汇运用于交际。

再如，根据当下流行的垃圾分类，教师可以让学生翻译这四类垃圾：干垃圾、湿垃圾、有害垃圾、可回收垃圾。大部分学生都会将"垃圾"一词翻译为 garbage，实际上正确的翻译应是 waste。由这两个词就可以看出中西方文化差异。在英语中，garbage 主要指食物或者纸张，waste 主要是指人不再需要的物质，可以看出

waste 的范围更广,其意思是"废物"。当翻译"干垃圾"和"湿垃圾"时,学生又会翻译得五花八门,实际上"干垃圾"是 residual waste,"湿垃圾"是 household food waste。所以,学生有必要深入了解中西方文化的异同,这样才能学好词汇,才会形成英语思维,进而形成跨文化交际能力。

3. 采用文化对比法

根据心理学原理,人们对相同的事物比较容易理解,但对不同的事物更容易产生兴趣,也容易记忆深刻。可见,采用英汉对比法有着显著的优势,即可使学生对英汉词汇文化差异一目了然,加深对词汇的理解。语言不能独立于文化之外,由于英汉习俗传统不同,价值观和思维方式等都有着显著的差异,会出现词汇语义与文化内涵不对等的情况。如果不加以学习和研究,在使用词汇进行交际时,难免会出现交际障碍。而通过对比分析,学生就会发现其中的奥秘,词汇问题也就迎刃而解。例如:

as strong as a horse 英语含义为力气大,汉语含义为力大如牛。
work as a horse 英语含义为温顺,汉语含义为老黄牛。

可以看出,汉语中与英语 horse 所表达的意思相对应的是不是"马"而是"牛"。在英语文化中,马同时用于耕作和作战,但在汉语文化中,马用来作战,用来耕作的是牛。

在具体的教学中,教师可以通过上述形式来进行英汉文化比较,让学生清晰了解英汉词汇的文化差异,进而帮助学生正确、灵活地运用词汇。

二、信息化背景下高校英语词汇知识混合式教学的实施

(一)使学生在语境中掌握词汇具体用法

在词汇学习中,将其放在具体语境中,往往能起到事半功倍

的效果。在英语语料库中,有大量和语境相关的实例,具体的实例主要是通过数据的方式呈现在学生面前。在语境中,学生的注意力能够被有效吸引,使学习的词汇知识得到强化,同时也能对相关使用规律进行总结。在语料库中,学生能了解使用频率较高的一些词汇,加强对词汇具体结构的了解,深化对语言现象的认识,实现出现频率较高的单词的巩固与理解。就 outline 这个单词来讲,在教材中只是标注其主要意思是概要、轮廓、外形的意思,而在实际教学中,教师可以在语料库中进行检索。通过检索的方式不仅能够了解具体的用法,还能了解相应的使用频率。进而学生认识到这个词汇不仅能够当作名词使用,也能当作动词使用。而在实际教学中,教师可以演示的方式实施,进而使学生了解主要使用方式,使学生在学习中的自主学习能力得到加强。

(二)对近义词以及同义词进行检索

由于英语是一门非母语学科,因此学生在学习近义词的过程中存在较大难度。语料库在高校英语词汇教学中的使用,能够使学生在检索过程中获得相应的参考,然后在此基础之上进行细致大量的分析,如 destroy 和 damage 是两个近义词,那么在实际教学中,就可以在检索栏中将这两个单词输入进去,然后学生会在实际阅读中进行具体分析。同时在学习完这两个词之后,也可以将自己在日常生活中遇到的近义词、同义词进行搜索,通过这种方式的使用,方便了学生在学习中进行自主对比,使学生的自主学习意识和自主学习能力都能得到增强。

(三)在检索过程中了解不同词汇搭配

词汇搭配的概念提出已久,并且随着社会的不断发展,受重视程度越来越高,词语搭配考查了词项目贡献,也考查了相应的语法结构以及框架。有相关学者认为词的搭配、语义选择、语义以及类连接之间存在紧密联系，它们实现了对词汇组合以及词义的表达，而比较普遍的则是动词与名词之间的搭配。

例如，想要了解 trend 这个词时，可以在语料库中进行检索，如 short term trend，development trend，trend up 等，除了这些搭配用法之外，实际上 trend 还有很多用法。这种学习方式的使用，能够使学生在学习中对词汇搭配内容有更深入的认识与了解，同时在实际学习中也可以将查找的内容和自己已知内容进行对比，找出二者之间的差异，进而在实际学习中更有针对性。

(四)进行词汇的复习与巩固

英语语料库在英语词汇教学中的使用，除了能够为学生构建情境，了解近义词、同义词的相关知识，认识词汇搭配，教师也可以利用这种方式，帮助学生进行词汇的巩固。在巩固过程中，练习的方式可以是填空题、选择题，也可以是匹配题。而在实际教学时，教师可以将检索出来的内容进行隐藏，然后让学生根据上下文进行猜测与分析，并且在教师挡住的部分，填入适当的内容，而在选择语料库时，教师需要以不同的学习内容为依据进行选择。

在语料库中，学生可以实现对词汇学习内容的拓展，英语语料库中有大量的内容，能够成为学生在学习中的素材，学生可以根据自己的实际学习能力和情况进行选择，学习的范围便不仅局限在教材中，进而使学生学习到的知识能够有更强的实用性，实现对英语词汇的有效巩固。同时这种方式的使用在一定程度上响应国家号召，加强了对互联网技术的使用，促进对学生学习能力的培养，使学生在实际学习中能逐渐形成良好的学习习惯，实现英语综合学习水平的提升。

第二节 信息化背景下高校英语语法知识的混合式教学

一、高校英语语法教学

(一)什么是语法

1. 语法概念的界定

很多人认为,学生在中学已经学了几乎全部的语法知识,到了大学没有必要再学习语法知识,也没有必要开展语法教学。其实不然,语法学习贯穿于英语学习的全过程,所以到了高校阶段也需要重视语法教学,也有必要对语法以及语法教学的相关内容进行介绍。

关于语法的定义,语言学家进行了探究,并且发表了不同的观点,以下就对一些代表性的观点进行说明。

威多森(Widdowson,1992)认为,词汇的变化规则和用词造句规则系统的总称构成了语法。

我国学者许国璋先生(1986)指出,语法是制约句子中词与词之间关系的准则,某一语言的语法是该语言中所有准则的总和,在语法的制约下,词组成能够被语言社团所接受的句子。

文秋芳(2013)指出,语法是词素、词、习语、词类范畴等构式为单位的组合。

对上述观点进行总结可知,语法就是语言的组织规律,是人们据以组词成句、赋予语言意义并使用语言进行交际的一套规则。

2. 语法知识

(1)向心结构

从功能上说,向心结构的分布与其成分的分布具有统一性,这成分可以是一个单个的词,也可以是一组词。一般来说,名词短语、动词短语等通常都属于这一结构形式。例如:

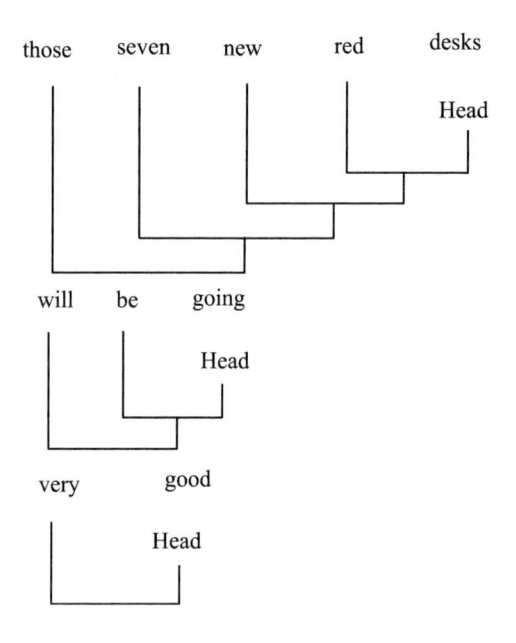

```
those   seven   new   red   desks
                              Head

will   be   going
            Head

very   good
       Head
```

按照组成成分之间的关系,向心结构可以分为两类,即并列和从属。

并列。两个或者两个以上的成分用 but,and,or 等连接起来,就是并列结构。从语法地位上说,前后部分的地位是同等的。例如:

Tom and Jerry.

Is that girl Lily or Lucy?

从属。将语言单位进行连接,使各个单位具备不同的句法地位的过程即从属,其中一个单位对于另一个单位是依赖的关系,并且往往是另一个单位中的一个成分。例如:

three boys

his brother

that house

（2）离心结构

离心结构与向心结构相反，指的是在一组句法上相关的词，在功能上并不与整个词组有着相同的功能，即词组中并不存在中心词。例如：

The young man cried.

上例中，The young man 和 cried 两个成分都不能替代整个句子结构。

（3）直接成分分析

在英语语法学中，成分是一个大的语言单位，其是在句子结构分析中针对各种语法单位而产生的术语。例如，"The boy ate the apple."这个句子中，句子用 A 替代，the boy 用 B 替代，ate the apple 用 C 替代，这三者分别代表一个成分，而 B 与 C 可以被认为是 A 的直接成分，这种关系可以表示如下。

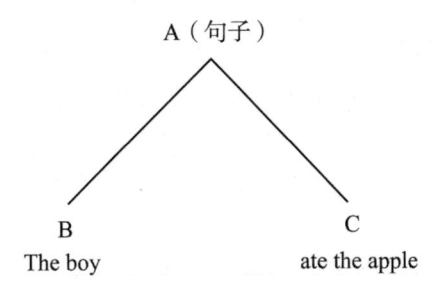

```
        A（句子）
        /      \
       B        C
    The boy   ate the apple
```

可以看出，A 是 B 与 C 的母节点，而 B 与 C 则可以被认为是姐妹节。这种简单的树形图可以表达出 A 与 B、C 的关系，也可以表达出 B 与 C 是按照一定的次序进行排列的。

上述这种将语法结构分解的方法就被称为直接成分分析法（immediate constituent analysis），简称为 IC 分析。直接成分分析法对于句子层级结构非常强调，认为句子中的词首先构成词组，只有这样才能将句子的内在结构显示出来，也才能将一些具有歧义的结构得以体现。

如果一个语法单位的成分结构可以用树形图表示的话，那么我们可以用句法范畴对其节点加以表示，表 4-1 是常用的句法范畴。

表 4-1 常用的句法范畴示例

词语类的句法范畴	V(verb)动词
	N(noun)名词
	A(adjective)形容词
	Adv(adverb)副词
	P(preposition)介词
	Det(determiner)限定词
	Con(conjunction)连词
短语类的句法范畴	VP(verb phrase)动词短语
	NP(noun phrase)名词短语
	AP(adjective phrase)形容词短语
	PP(preposition phrase)介词短语
	S(sentence)句子或分句

(资料来源:何少庆,2010)

下面,我们仍以"The woman cleaned the house."这个句子为例,运用树形图对其进行分析,如图 4-3 所示。

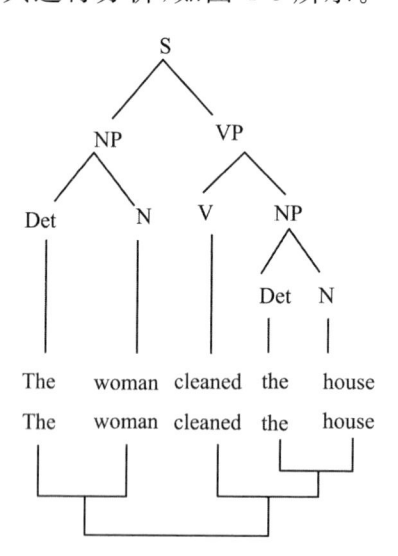

图 4-3 "The woman cleaned the house."树形图示例

(资料来源:何少庆,2010)

(4) 句法关系

替代关系。所谓替代关系,指的是在同一个语法位置上,有些词或词组可以相互替换的关系。例如:

The girl smiles.

上例中的 girl 可以替换 boy,women,man 等。

另外,替代关系并不仅指代词与词的替换,还可以用特定集合的由多个词构成的词组来进行替代。例如:

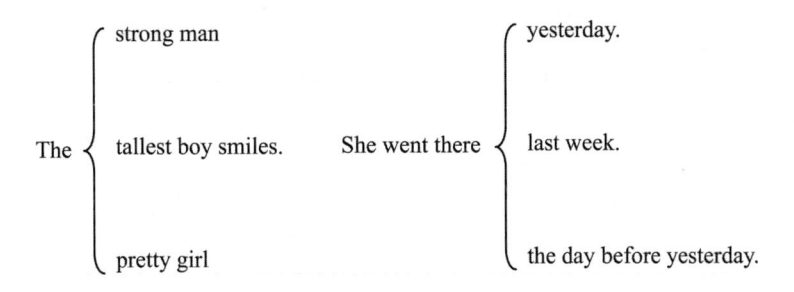

$$\text{The} \begin{cases} \text{strong man} \\ \text{tallest boy smiles.} \\ \text{pretty girl} \end{cases} \quad \text{She went there} \begin{cases} \text{yesterday.} \\ \text{last week.} \\ \text{the day before yesterday.} \end{cases}$$

同现关系。所谓同现关系,是指不同组分句中的词语可以要求或者可以准许与另一组词语同现,构成句子的某一部分,如名词短语前可以设置形容词或限定词,后跟动词短语等。例如:

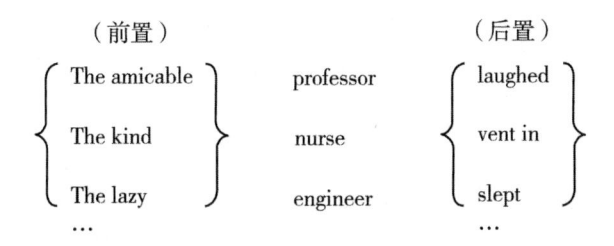

(前置) (后置)

$$\begin{cases} \text{The amicable} \\ \text{The kind} \\ \text{The lazy} \\ \cdots \end{cases} \begin{matrix} \text{professor} \\ \text{nurse} \\ \text{engineer} \end{matrix} \begin{cases} \text{laughed} \\ \text{vent in} \\ \text{slept} \\ \cdots \end{cases}$$

可见,同现关系部分属于组合关系,部分属于聚合关系。

(5) 语法层级

短语。短语(phrase)通常是由一个或多个词构成的单一成分结构。短语在结构等级中位于小句和词之间。

短语往往围绕一个中心词展开。中心词是在短语中起着语法作用,同时受其他词所修饰的词。根据中心词词性的不同,英语短语可以分为名词短语、动词短语、副词短语等。

句子。在传统意义上,句子是语言中可表达思想的最小语言单位。

句子的结构分类。传统分法从结构上对句子进行二分,将句子分为简单据与非简单句,如图4-4所示。

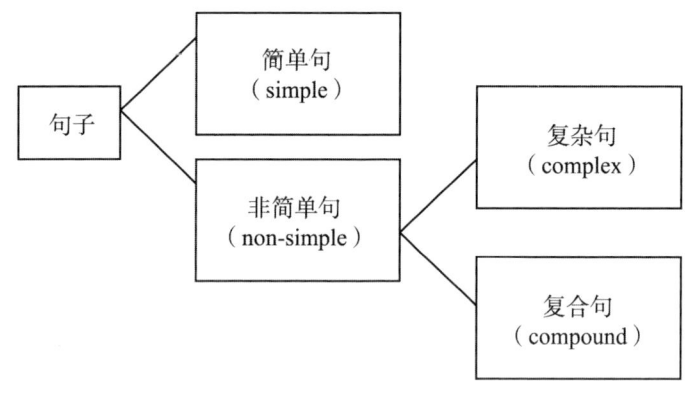

```
句子 ─┬─ 简单句(simple)
      └─ 非简单句(non-simple) ─┬─ 复杂句(complex)
                                └─ 复合句(compound)
```

图 4-4　句子结构分类图

(资料来源:何少庆,2010)

句子的语气分类。根据句子的功能,句子可分为陈述句与祈使句。二者均可以做进一步的划分,如图4-5所示。

(二)高校英语语法教学的问题分析

1. 语法教学弃而不教或边缘化

英语教学一直都在不断变革,教学内容随之不断改变,而随着2004年教育部《大学英语课程教学要求》的颁布,英语语法教学内容退出了英语教材,英语语法教学也从英语教学中退出,最终导致英语语法弃而不教或边缘化。这具体体现在两个方面,首先教材中没有了语法内容,教师便失去了教授语法的依据和大纲,学生也将无法系统地获取语法知识;其次课时安排不合理,英语教学中多是精读课与泛读课,没有相应的语法课,即使教师讲解语法知识,也是零星的和碎片化的。实际上,语法对于英语语言的学习是至关重要的,语法贯穿于英语学习的始终,对英语综合能力的提升起着重要所用,所以教师不应忽视语法教学,而

第四章　信息化背景下高校英语词汇与语法知识的混合式教学

应积极开展语法教学,丰富学生的语法知识,提高学生的语法能力,为学生的英语综合应用能力打好基础。

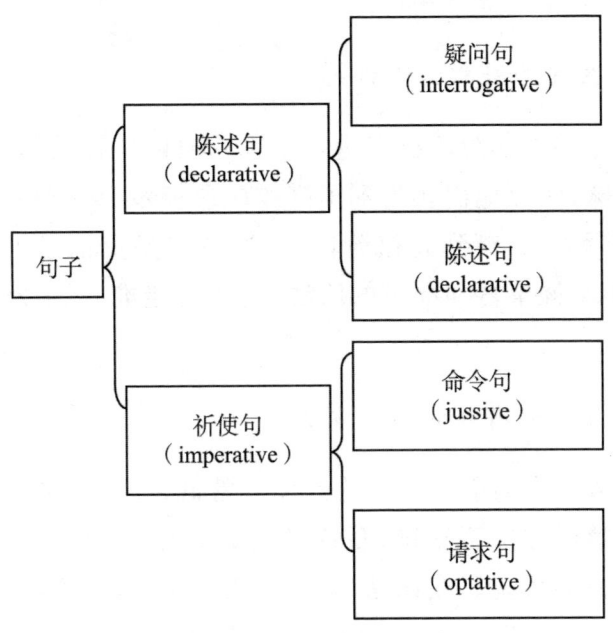

```
句子 ┬─ 陈述句(declarative) ┬─ 疑问句(interrogative)
     │                      └─ 陈述句(declarative)
     └─ 祈使句(imperative) ┬─ 命令句(jussive)
                            └─ 请求句(optative)
```

图 4-5　句子功能分类图

(资料来源:何少庆,2010)

2. 教学方式单一

英语语法知识繁多,学习起来十分枯燥,因此很多学生对于语法学习缺乏兴趣。想要改善这种现状,就需要教师创新教学方法,增添语法教学的乐趣,激发学生学习的积极性。但是,当前的英语语法教学并不乐观,教师依旧采用陈旧的方式展开,占据课堂的主体,这样学生处于被动的学习,不仅与教育理念不符,也不利于学生的学习,很难发挥学生的主观能动性。

3. 教学中忽视语言情景

学习语法不仅仅是为了掌握语法知识,而是运用所学的语法知识进行交际,所以学生的语法学习需要具体的语言情景。但目前我国的英语语法教学常将语法知识的意义、理解同运用、语境分割开来,这就使得学生无法准确理解语法知识适用于哪种情景,不利于学生有效运用语法。

4. 学生的语法意识薄弱

高校生在中学阶段已经进行了很长时间的语法学习,普遍感到枯燥乏味,因此他们认为到了高校阶段就没有必要重点学习语法了。实际上,尽管到高校阶段,语法依然是英语学习的重要内容,因为不掌握丰富和准确的语法,是不可能准确、流利地进行交际的。

5. 学生缺乏有效的学习方法

大多数学生的语法学习的效率非常低,其中一部分学生是因为掌握的学习方法不正确,从而使得语法知识的掌握较为松散,不能成为一个系统。在语法学习中,学生往往比较被动,通常是遇到新的问题之后才会回去学习语法知识,而当他们学习完一篇文章之后,又把语法学习抛之脑后,这样的学习是很难提升学生的语法能力的。

(三)高校英语语法教学的原则

1. 语法教学的原则

高校英语语法教学的有效开展应以科学的原则为保障,也就是说,在高校英语语法教学中,教师应遵循一定的原则,以确保教学高效开展。

2. 以学生为中心原则

以学生为中心原则是指教学活动要以学生为主体,紧紧围绕学生来开展,高校英语语法教学也应遵循这一原则。在高校英语语法教学中,教师应更新教学理念,认识到学生的主体地位,将学

第四章　信息化背景下高校英语词汇与语法知识的混合式教学

生放在教学的中心位置,有效激发学生的学习兴趣,鼓励学生积极参与教学活动,引导学生自主发展、学习和掌握语法规律,并培养学生的语法能力。

3. 交际性原则

交际性原则是指恰当地运用多媒体设计课堂教学,创设合理的语言交际环境,使语言交际环境符合实际环境,从而帮助学生更好地掌握语法知识,提升交际能力。提高学生成绩并不是语法教学的最终目的,语法知识的使用才是语法教学的本质,所以语法教学应结合实际生活,培养学生的语法思维,提升学生的听、说、读、写能力,提高学生的语言交际能力。

4. 系统性原则

我国高校生在语法方面存在的显著问题之一,就是语法知识掌握不够系统,很多学生常常机械、孤立地学习语法知识,无法有效区分概念详尽的语法内容,导致他们在口语表达和书面写作中出现很多的语法错误。实际上,英语语法有其自身的规律,教师在开展语法教学时应在遵循系统性原则的基础上,引导学生注意语法项目之间的关系,帮助学生完善语法知识系统,使学生系统地掌握语法知识。

5. 实践性原则

传统的高校英语语法教学只重视知识传授,不重视技能培养,忽视语法的交际功能。《大学英语教学指南》注重学生能力的培养。教师要明确英语语法教学只是培养语言实践能力的桥梁,其目的是更好地培养学生听、说、读、写语言实践能力,进而达到用英语进行交际的目的。因此,语法教学必须突出其实践性原则。

行为主义学习理论认为,外语学习基本上是一个形成习惯的过程。其他流派也从不同角度提出了练习在培养言语能力中的作用。高校英语语法主要出现在单词、句型、文章中,教师在语法教学中必须以多种方式对语言知识进行实践练习,根据具体情况适当点拨,让学生在精读多练的基础上熟练掌握语法知识,形成语感,从而建立一套新的语言习惯。

(四)高校英语语法教学的方法

1. 三维教学法

在具体教学过程中,英语教师都倾向于两种教学方法,一种是注重语言形式或语言分析的教学方法,另一种是注重语言运用的教学方法。这两种方法各有侧重,但实践证明,将两种方法结合起来才会更加有效。从交际角度而言,语法不仅是各种形式的集合,语法结构也不仅有句法的形式,也可以运用具体的语言环境来表达语义,可以将这三个方面表述为形式、意义和用法。美国语法专家拉森·弗里曼(Larsen Freeman,1995)提出了基于From,Meaning,Using 三个维度上的三维教学法,将语言的形式意义和用法有机结合起来,其具体模式如图 4-6 所示。

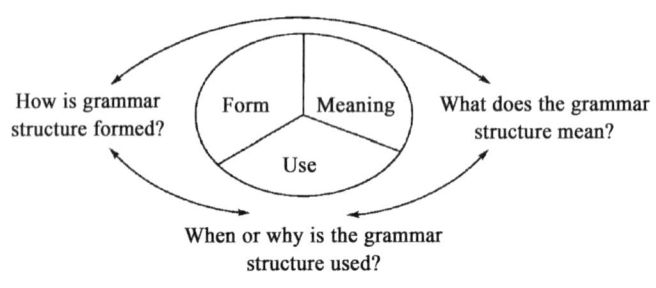

图 4-6　三维语法教学观

(资料来源:邓道宣、江世勇,2018)

三维教学法的实施包含五个步骤:热身运动、发现语法、学习形式、理解意义、应用语法。

(1)热身运动是对上一课堂要点的复习,然后通过一些参与性活动,如听歌、表演、竞赛等形式,让学生对新的内容有所了解,调动学生的背景知识,激发学生的求知欲望。

第四章　信息化背景下高校英语词汇与语法知识的混合式教学

(2)发现语法是指学生通过教师讲解和引导,感知和发现语法现象。

(3)学习形式是指学生在发现语法的基础上,以语法结构的形式总结出语法规则。在课堂教学中,这部分内容表现为回归课文阅读文章,通过阅读文章找出类似的形式和结构。这一阶段过后,学生能够为下一步理解、操练规则做好准备。

(4)理解意义是指设计以意义理解为主的活动,从而促进学生对语法项目的理解,与语法的应用奠定基础。

(5)应用语法是指教师为帮助学生掌握语法规则、提高其语法应用能力所设计的篇意识强、交际性好,能够促进思维发展的活动或任务。

在教学过程中,教师可以根据具体的教学情况对上述几个步骤进行调整。

2. 语境教学法

为了调动学生的感觉器官和学习兴趣,教师可以采用语境教学法来开展语法教学,让学生在真实的情境中学习,帮助学生系统地掌握语法知识,提高学生的语法运用能力。

(1)运用媒体,展示情境

在高校英语语法教学中,教师可以运用多媒体技术进行教学。多媒体教学素材丰富多样,包含图像、图形、文本、动画以及声音等,将对话的时空体现得生动和形象,图像和文字都得到了充分得体现,课堂氛围不再沉闷死板,学生的感官得到了调动,加深了学生的印象,提高了学生参与课堂教学的积极性,教学和学习效率也得到了显著的提升。

(2)角色扮演,感受情境

在高校英语语法课堂教学中,教师还可以组织学生进行角色扮演,让学生身临其境地学习语法知识。学生可以通过自己扮演的角色,体验相应情境下人物的言行举止、思想情感,深化所学知识,提高学生的人文素养。

(3)设计游戏,领悟情境

设置符合学生心理和生理特征的语法教学游戏,可以激发学生的学习积极性,让学生积极参与其中。而且生动活泼的游戏可以调动学生的多种感官,使学生原本觉得困难的语法结构也变得简单许多,从而使学生在潜移默化中掌握语法知识。

二、信息化背景下高校英语语法知识混合式教学的实施

翻转课堂是随着信息技术的发展而产生的一种新型教学模式,将该教学模式运用于大学英语语法教学中,可有效调动学生学习语法的兴趣,促进学生的自主学习能力,提高学生的独立思考能力,进而培养学生的语法能力。翻转课堂这种教学模式不再以教师为中心,而是以学生为中心,教师只是起到辅助作用,学生是教学环节的重点,师生之间处于互动的状态。翻转课堂语法教学模式流程如图 4-7 所示。

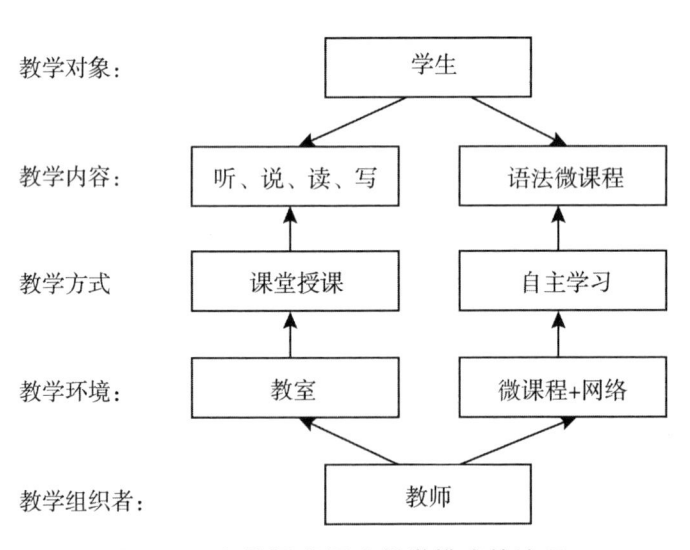

图 4-7 翻转课堂语法教学模式的流程

(资料来源:曾春花,2015)

第四章　信息化背景下高校英语词汇与语法知识的混合式教学

（一）提升微课制作水平，借鉴网络教育资源

相较于传统的语法教学模式，翻转课堂最大的特点在于以视频微课代替了"黑板+粉笔"的教学方式。但已经习惯了传统教学模式的英语教师来说，很难在短时间内适应视频微课这种新式，因此教师首先要熟练掌握微课的制作技术，灵活运用各种制作软件；其次要重视视频微课内容的整合与加工，在内容上要选择微课课本语法知识，并借鉴网络上优质的教育资源制作短小精致、内容丰富的数字化课程资源。

（二）拓宽师生互动渠道，确保语法教学效果

制作视频微课是翻转课堂语法教学的前提，后期的检查、实施和监督是更加重要的部分，因此师生之间应保持多维互动。首先，教师要指导学生观看视频微课，并对学生的学习内容和时间进行计划，把握学生学习的进度；其次，教师要利用社交软件建立QQ群和微信群等，加强与学生线上线下的互动，对学生在自主学习中遇到的问题进行解答，促进师生和生生之间的讨论，实现英语语法知识的消化和吸收。

（三）关注语法难点，提升教师答疑解惑的能力

基于翻转课堂，教师将制作好的视频微课上传到网络平台，学生自行下载，并在固定时间内完成自主学习，而对于遇到的语法知识难点，除了课堂学习小组讨论外，更多由教师在课堂上统一解答或个别辅导。对此，英语教师应不断充实自身的语法知识储备，提升自己的语法能力，从而更好地解答学生的疑难问题。

（四）开展差异化教学辅导，促进学生自主学习

在翻转课堂教学模式下，教师要更新教学理念，改变传统的教学模式，主动融入和参与学生学习的各个环节，成为学生

学习的指导者和监督者。由于不同学生之间存在的巨大差异,有着不同的基础水平和认知结构,因此教师需要采用不同的辅导方式来对不同层次的学生加以辅导,特别是对那些自律性不强的学生,更要采取有效方式来加以辅导,促进他们进行自主学习。

(五)重视教学评价,建立激励机制

翻转课堂语法教学重在学生的自主学习,为了掌握学生自主学习的频率以及参与程度,确保翻转课堂教学的效果,对学生进行考核评价就显得十分必要,而且这种考核要贯穿于课堂教学的全过程,并且评价形式要多样化,包括学生自我评价、小组评价、教师评价等多种考核评价形式。这种全方位的考核评价机制有利于教师掌握学生对语法教学的参与度和配合度,便于教师了解学生对语法知识的掌握程度,而且对学生有着正向的激励作用。

总体而言,在信息化背景下,英语词汇和语法教学应紧跟社会和教学改革发展的趋势,结合信息技术开展教学,即在教授词汇和语法知识的同时,融入英语文化知识,进而培养学生的文化素养,提高学生的综合能力以及运用词汇和语法知识进行跨文化交际的能力。与此同时,教师要持有客观的态度,不能一味地导入英语文化,还应传授汉语文化知识,从而树立学生的文化自信,使学生运用所学知识传播中国文化。

第五章 信息化背景下高校英语听说技能的混合式教学

在信息时代社会中,信息技术得到快速发展,并日益深入社会生活的各个方面,在高校英语教学领域同样也不例外。英语听、说、读、写、译是英语五项基本技能,每种技能的教学都是高校英语教学的重要组成部分,学生只有熟练掌握这些基本技能才能真正提高英语综合运用水平。采用混合式教学,可以更好地提升高校英语各项技能教学的效果。本章首先对信息化背景下高校英语听说技能的混合式教学展开分析。

第一节 信息化背景下高校英语听力技能的混合式教学

一、英语听力简述

(一)"听"的内涵

在学者罗宾(Rubin,1995)看来,"听是一个涉及主观能动性的活动,其中包含对听者信号进行主动选择,然后编码加工信息,从而对交谈方想要表达的意图、正在发生的情况进行确定。"[1]

---

[1] Rubin,J.An Overview to "A Guide for the Teaching of Second Language Listening"[A].*A Guide for the Teaching of Second Language Listening*[C].D.Mendelsohn & J.Rubin. San Diego,CA:Dominie Press,1995:7.

理查兹和施密特(Richards & Schmidt,2002)对"听力理解"进行了专门的探讨,他们认为,"听力理解涉及的对象是第一语言和第二语言,所要做的事情就是弄懂这两种语言。但是,对这两种语言的理解是有本质区别的。其中,对第二语言的听力理解比较关注语言的结构层面、语境、话题本身以及听者本身的预期。"[①]

著名学者林奇和门德尔松(Lynch & Mendelssohn)对听说的内在关系进行了说明,在他们看来,要想进行"听","说"是关键,但是也认为"听"会受到其他声音或者画面的影响,因此要求听者基于已有的经验,从语境考虑,分析与研究话语。另外,"听"这一过程并不是单一的,而是连续不断的,具体可以从如下几点理解。

(1)如何将语音进行划分。

(2)如何对语调形成一种认识。

(3)如何对句法进行详细的解读。

(4)如何把握语境。

大多数时候,上述过程是在人们的无意识中悄悄进行的。

此外,两位学者还就"听"和"读"的联系与区别进行了阐释,并认为与"读"相比"听"的作用更加显著,具体包含以下几点。

(1)让人感受到一种韵律的美。

(2)让人产生一种对追逐速度的急切心理。

(3)对信息的加工和反馈都在最短的时间内完成。

(4)耗时较短,通常不会重复进行。

"听"与"读"都是一种对信息的输入,但是在大学英语听力教学中教师绝对不能将"听"看作阅读的声音版,而应该认真研究"听"的本质属性,并据此去组织教学,从而帮助学生获得一定的听力技能。

(二)听力理解

从信息论的角度来讲,听力理解是对信息进行认知加工的过

---

① Richards, J. C. & R. Schmidt. *Longman Dictionary of Language Teaching and Applied Linguistics*[M]. London, UK: Longman, 2002:313.

第五章 信息化背景下高校英语听说技能的混合式教学

程。"听力理解"呈现出以下几种特征。

1. 时效性

时效性是指听力理解要求听者在一定的时间内高效地对声音信息进行加工。要做到这一点,听者需要认识到时间的紧迫性并且能够快速地判断。声音信息输入的流线型特点也同样要求听力理解具有时效性。听力理解是否具备时效性,往往成为衡量一个人听力能力的一个关键指标之一。

在大学英语听力教学中,教师可以将听力理解的时效性特点向学生进行详细的解释,这样可以督促学生做出更好的听力计划,促使学生监控和评估自己的听力能力。如果要想保证理解效果的最大化,听者就需要解决自身的听力时效性,如果不能解决这一问题,那么听者就很难理解发话人接下来的话语。

2. 过滤性

过滤性是指听者在听力理解的过程中能够准确地筛选出有用的信息,而剔除那些无用的甚至是干扰的信息。简单来讲,过滤性就是"抓关键信息"。

显然,听者不需要原原本本地将听力内容在头脑中放映一遍,但是必须能够把握住听力内容的中心思想。因为听力理解的内容是一连串连续性的语言符号,人们必须从整体上把握内容,而不是孤立地关注某一个音素。想要把握听力内容的中心思想,不偏离听力内容的大方向,就必须先获取发话人的"主题",然后围绕这一主题探索事件的时间、地点、过程以及发话人的思想情感等边缘要素,主题和边缘要素存在着一种内在的连贯性。

3. 即时性

即时性是指听力理解无法提前安排和计划,都是随时进行、随时结束的。这就使得我们不可能提前对听力理解进行演练,从而导致了听力理解的不可预知性,这正是它的难点所在。因此,在听力教学中,教师应该尽可能地培养学生对听力材料的适应能力,能够对各种情况做到随机应变。

4. 推测性

推测性是指听力理解通过推理进行的。其实说到底,只要是含有理解的行为,就少不了推理的存在。说得具体一点,推理就是依靠自己的主观能动性不断验证先前假设的认知过程。

在一次完整的推理中,有两个环节是必不可少的。首先是预测将要发生的事情,其次是对结果进行推断。当然,这两个环节有其存在的前提,也就是我们不能做无缘无故的预测,那是妄想,而是要根据已有的知识经验来推测未知的事物。并且已有的知识经验和未知的事物之间是有着内在关联的,听者就是需要通过这些显性或者隐性的关联来寻找发话人的信息,从而推测相互发话人的意图。

5. 情境性

情境性是指听力理解发生在特定的时间、场合之下,时间、场合就构成了听力理解的情境。随着时间和场合中任何一方面的改变,情境就会改变,这就引起了不同听力情境的发生。

听者之所以要关注听力理解的情境,是因为这些情境中包含着很多重要细节,它们决定了听者对话语意义的理解,同时也为即将产生的话语提供理解的线索。在日常的听力教学中,教师要提醒学生注意情境,有意识地提高学生对情境的敏感度,从而促使学生对话语有更准确的理解。另外,教师应该尽量为学生创设真实的情境,因为语言的运用就是在真实的情境下发生的。

6. 共振性

"共振性"这一概念应该是从物理学中移植过来的,表示一种瞬间感应性。听力理解具有共振性,指听力理解是在对应原则的基础上发生的,有着自己独特的经验和惯性。

具体来讲,在听力理解中,一些新信息不断地刺激大脑,从而激活大脑中的已有知识,新知识和已有知识之间的交流就是共振。那也就意味着,你拥有的知识总量和你的感知能力的高低是成正比的,和你的共振效率也是呈正相关的。听力理解的共振性和信息加工理论中的"编码—解码"程序具有很大的关系。

(三)听力策略与具体技巧

1. 听力认知策略

根据认知理论,听力理解是一个需要听者积极构建意义的过程,也是一个复杂的认知过程。在学习中运用认知策略对学生建构意义、提高获取信息的能力大有裨益。将基于认知策略的听力教学模式(图5-1)运用于大学英语听力教学实践,对提高学生的听力水平和教学效率十分有利。

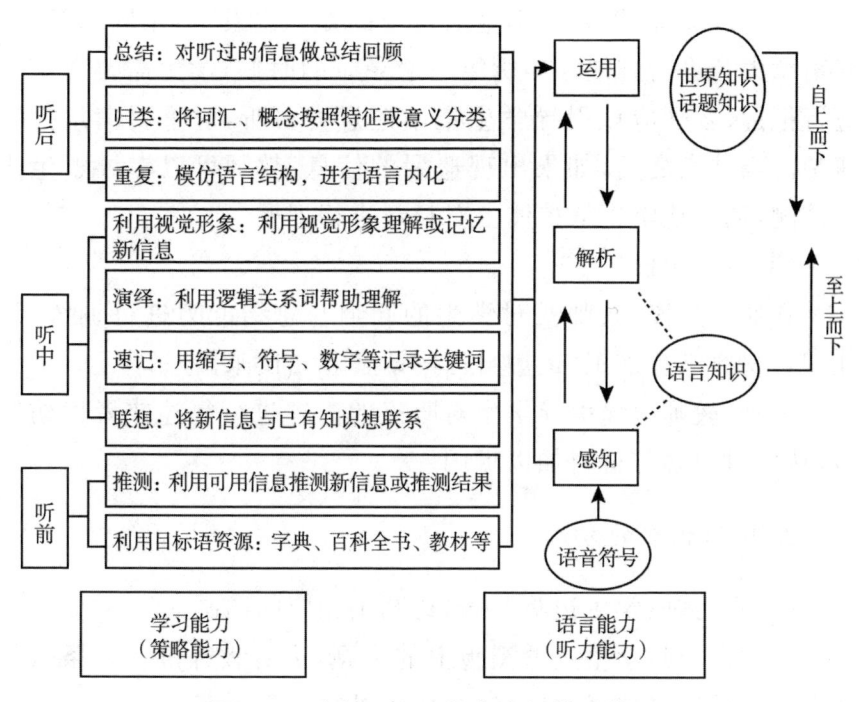

图 5-1 听力理解过程中认知策略模型

(资料来源:杨照,2019)

基于认知策略理论的英语听力学习模式的实施步骤具体如下。

(1)听前阶段

在这一阶段,教师主要是让学生了解听力材料的背景知识,让学生学会运用各种资源与策略,可以是查阅词典,也可以是查看百科全书等,让学生对知识加以积累,为听力的展开做准备。

(2)听中阶段

在这一阶段,教师应培养学生的推测与联想、速记与演绎等策略,通过这些策略对学生的听力活动进行辅助。例如,在《新视野大学英语视听说教程》第三版 Book 1, Unit 7 *Weird, wild and wonderful*,其中主要是对环境与自然问题的描述,这就要求在听力教学中,教师应该将学生头脑中的环境图式激活,让学生对文章内容加以推断。当听第一遍录音的时候,教师应该让学生对文章大意予以掌握,即要求学生从自身的知识出发,运用联想策略,对篇章大意进行归纳。当听第二遍录音的时候,学生需要对细节进行把握,教师应该引导学生集中注意力去听,对重要信息把握清楚。当结束之后,如果出现遗漏的信息,教师可以引导学生进行推测,从而让学生从整体上对材料进行把握。

(3)听后阶段

在这一阶段,教师要对学生的归纳与总结能力进行训练,让他们对材料进行加工,运用自己的语言总结出来。

另外,教师应该引导学生对听过的内容进行复述或者模仿练习,从而对内容与材料加以巩固。

2. 听力训练的方法

(1)听—画:学生边听英语,边画出相应的图画。

(2)听—视:学生边看黑板上的图画,边听教师讲。有条件的地方可利用投影仪、幻灯片或录像机进行视听训练。

(3)听—答:教师对听的内容进行提问,要求学生口头回答。

(4)听—做:教师根据所听的内容发出指令,要求学生做出相

第五章 信息化背景下高校英语听说技能的混合式教学

应的行动或表情,如"Show me how David felt when he met Jane at the airport."教师使用课堂用语时向学生发出的指令也应属于此类,如"Come to the front."

(5)听—猜:学生在听前根据教师的"导听问题"(guiding questions)提示,并结合已学的知识对所听的内容进行预测(predict)。

(6)句子段落理解:教师放录音或口述句子、段落。学生一边听,一边看教师示范表演:各句意思以指出或举起相应的图画或做相应的动作来表示;教师用手势画出单词重音、语调符号和节奏,让学生模仿。

(7)短文理解:学生先听录音,然后根据短文的内容,进行形式多样的练习帮助听力理解,如听录音回答问题,听录音做听力理解选择题,听录音判断正误,听录音做书面完形填充练习,复述短文大意,做书面听力理解练习题等。

(8)课文听力训练:教新课文之前,先让学生合上书本,听两遍课文录音,或听教师朗读课文;讲课文时,教师一边口述课文,一边提出生词,利用图片、简笔画、幻灯或做动作向学生示意,帮助学生达到初步理解的目的;学生根据课文内容进行问答,如就课文中生词或词组提问、就课文逐句提问、就课文几句话或一段话提问等。

(9)技能学习:听力的有效进行是需要一定的技巧的,因此在大学英语学习过程中,学生应掌握几种常用的听力技巧。

其一,听前预测。在进行听力之前,进行一定的预测是很有必要的。在教学中,教师可以指导学生在正式听听力材料之前,先浏览一下听力问题,据此预测听力测试的范围,如地点、时间、人名等,这样可使听力更具针对性。

其二,抓听要点。在听的过程中,要学会抓听要点。也就是抓听交际双方言语活动中的主要内容、主要问题、主题句和关键字等,对于一些无关紧要的内容则可以不用重点去听。

其三,猜测词义。听力过程中不可能听明白每一个词,而且有时难免会遇到陌生的单词,此时如果停下来思考这个词的意思，就会影响对整个听力材料的理解。这时可以继续听，通过上下文来猜测词义，这样既不会中断思路，也能流畅地理解听力材料内容。

其四，边听边记。听力具有速度快和不可逆转性的特点，听者在有限的时间内不可能听懂和记住所有的内容，此时就需要借助笔记来辅助听力活动，也就是边听边记录。听力笔记不需要十分工整，主要听者自己能看明白即可。

3. 听力训练的要求

（1）熟练掌握英语课堂用语，尽可能用英语组织教学。

（2）充分利用音像手段（如录音机）和软件资料进行大量的听力训练。

（3）遵循循序渐进的原则，听力训练时听音材料难度应该由浅入深，生词量小，语速由慢到快，长度由短到长。

（4）尽量将听与说、读、写等活动结合起来进行训练。

（5）结合语音、语调的训练，特别是朗读技巧（单词重音、句子重音、连读、辅音连缀、停顿和语调）来训练听力。

（6）听前让学生明确目的和任务。

（7）把培养听力技巧（辨音、抓关键词、听大意、听音做笔记等）作为教学的主要目标。

（8）布置适量课外听力训练。

二、英语听力技能教学的原则

（一）激发兴趣原则

听力能力的提高需要一个过程，不能一蹴而就，而且需要不断的练习和努力，很多学生由于自己听力能力不佳，加上进步缓慢，因此对听力学习缺乏兴趣。可见，兴趣对于英语听力学习至关重要，对此教师在开展大学英语听力教学时要有意识地激发学生的兴趣,也就是遵循激发兴趣原则。具体而言,教师在进行听力教学之前,首先应该对学生的兴趣点有清楚的把握,然后依据他们的兴趣点来采用合理的教学方法,激发他们的兴趣和积极性,从而不断提升学生的听力水平。

(二)情境性原则

听力是交际的重要方式,学生只有在自然、真实的环境中,才能与环境产生相应的互动,获得真实的语言体验。很多教师往往都有这样的感受,即教师竭尽全力鼓励学生参与课堂活动,但学生依然对听力学习缺乏兴趣,听力课堂死气沉沉。

事实上,如果教学氛围良好,师生才能够实现良好的互动,教师发挥自身的主导作用,学生发挥自身的主体作用,在民主和活跃的氛围中,更好地提升自身的听力水平。

(三)气氛活跃原则

在大学英语听力教学中,教师必须意识到情感因素的重要性,情感是学生智力与非智力发展的原动力,学生只有具备了一定的情感体验,才会有相应的智力及非智力活动,也才能对所学知识产生感情,从而在学习中获得事半功倍的效果。在听力教学中,教师也要充分重视情感因素,在教学各个环节都要充分考虑学生的情感因素,有效降低情感过滤作用,使学生积极参与课堂上的各种活动,从而达到获得信息、吸收语言的目的。

(四)强化文化背景知识原则

语言与文化密切相关,很多英语词汇、短语、句子等都蕴含着丰富的文化信息,如果不了解语言背后的文化信息,将很难理解其内在含义,更无法有效进行交流。可以说,很多听力材料背后都蕴含一定的文化知识,学生如果没有掌握必要的文化背景知识,即使听懂了个别甚至全部语句,也不一定能完全理解材料所隐含的深层文化含义,进而影响对材料的准确理解。因此,在大学英语听力教学中,教师必须重视强化学生的英美文化背景知识,提高学生对文化知识的敏感度。教师可以通过组织一些活动,如播放优秀的英美影片、引导学生阅读一些文学名著、组织具有鲜明特色的文化交流活动等,来培养学生的文化素养,进而提高学生的写作能力。

三、高校英语听力技能教学中混合式教学的实施

(一)充分利用 TED 资源

TED(technology,entertainment,design)是美国的一家机构,宗旨在于用思想对世界加以改变。TED 演讲的领域从最开始的娱乐领域、技术领域等逐渐向各行各业拓展。每年的 3 月份,TED 大会在美国召开,其中参加的人物涉及商业、科学、文学、教育等多个层面,将他们对这些领域的意见和建议进行分享和探讨。TED 官网的思想性、可及性等为混合式教学提供了具体的借鉴。

第一,为英语听力技能混合式教学提供了大量真实的语料,这与传统的音频存在较大差异。传统教学中学生上课接触的语料大多为本族语为母语的优秀英语人才录制而成的,虽然也是保证了语音的纯正性,但是改变了交际的真实性。

第二,如前所述,演讲的主题涉及各个领域,这与语言学习是一部百科全书的观点有着相似性,因此就有助于用于英语听力混合式教学。

第三,演讲者都是各个领域的一些杰出人物,传达的思想具有前沿性,这有助于提升英语学生的思辨能力。

第四,TED 官网上发布的视频多控制在 15 分钟之内,是较短的视频,最长的也不超过 20 分钟,这与当前的慕课、微课教学模式相符,也符合英语听力技能的混合式教学。

第五,演讲者是从各地来的,各种真实的情境可以让学生感受到手势、眼神、语速、重音等的运用。

第五章　信息化背景下高校英语听说技能的混合式教学

第六，TED官网的视频虽然没有字幕提示，但是在下面会设置独立的互动文稿，并将演讲者的话语显示出来。这便于学生对听的方式进行选择，可以是纯视频的形式，也可以是视频＋字幕的形式，或者是先观看视频，之后看字幕。

第七，TED官网的可及性可以让学生选择听的时间、听的内容等，学生制订符合自己学习的目标，对内容加以选择、对进度加以控制，实行自控式学习。

TED视频最大的特点在于提供给学生真实的情境，通过这种真实的听，保证了语言形式、思维以及科技的融合。

(二)加入多样化教学工具

1. 英语歌曲欣赏

在学习的闲暇时间，学生可以欣赏一些英语歌曲，这样可以使自己身心放松，营造自身英语学习的氛围，另外，英语歌曲还可以帮助学生学习其中的一些表达方式，尤其是一些发音的技巧等，能有效激发他们学习的积极性。

平时，教师可以引导学生多听一些具有当地文化特色的英语歌曲，也可以选择一些有意义的歌曲，然后教师让学生了解歌词的内容，再通过听写、填空等方式为学生出题，让学生真正地听懂。

2. 影视作品欣赏

英语电影能够营造真实、生动的听力环境，而且能够帮助学生更好地了解西方文化，从中体会中西方文化差异，进而提高跨文化交际能力。因此，将英语电影运用于大学英语听力教学，可有效激发学生的学习兴趣，提高教学的效率和学生的听力水平。具体而言，可采用以下几个步骤开展教学。

(1)观赏影片前

在观赏影片之前，教师和学生需要做一些准备工作。这些准备工作是指,在选定影片之后,教师要为学生布置好与电影主题相关的作业,鼓励学生在课下通过网络搜集一些与电影背景相关的信息,通过此方式加深学生对影片的了解。在临近观看前,教师要对影片的相关内容进行介绍,并提出相关的拓展学生思维的问题,如影片中有哪些俚语以及主角爱好等,这样能够引导学生带着问题和好奇心去观看影片。在准备工作完成之后,学生在了解影片的基础上,边观看影片边解决问题,以期达到更好的学习效果。

(2)观赏影片中

在观看影片的过程中,教师可选择和运用影片中某个经典片段的放映来指导学生进行精听。精听要求学生听清每一个词、短语和句子,清楚每一个情节。通过精听,教师可以更好地引导学生学习影片中的语言。在精听的同时,教师还可以采取泛听的方法,让学生了解影片的故事梗概。此外,在播放影片的过程中,教师可以根据学生的英语水平和影片中的相关内容适时暂停影片,提醒学生影片中的一些关键对话,辅助讲解一些俗语、委婉语、禁忌语等,同时分析其中所涉及的中西方文化差异,帮助学生掌握语言精华,培养跨文化意识。

(3)观赏影片后

在影片结束之后,教师可以有针对性地进行扩展活动,即选择影片中的经典情节,组织学生进行角色扮演,从而巩固学生的听力水平,锻炼学生的表达能力,提高学生发音的准确性,培养学生的语感,同时树立学生的信心,促使学生合作学习。另外,教师可以鼓励学生谈论影片的主题及意义,引导学生撰写影评,这样可以巩固学生通过影片所学的词汇、语法等知识的运用,进而提高学生的写作水平。

总体来说,英语电影语言丰富,情节生动,深受学生的喜爱,将其运用于大学英语听力教学,将能够为学生营造一个真实的语言环境,锻炼学生的听力能力。但需要注意的是,采用电影辅助法开展大学英语听力教学,在选材上要多加留意,要选择那些语音纯正、用词规范、内容健康的经典影片,这样才能让学生学到地道的英语表达,提高学生的听力水平。

3. 英语竞赛视频

在平台上,还会有一些竞赛演讲的视频,学生可以通过这些视频感受其中的语音语调,感受优秀演讲者是如何进行演讲和应变的,这样学生不仅可以提高自身的听力,还会掌握一些演讲的技巧。多听一些竞赛的视频,从不同的角度来看待问题,这样可以不断提升学生的听力理解能力。

4. 访谈视频

一些名人的视频对于学生的听力学习也是非常有利的,学生本身会被一些名人、明星吸引,然后通过观看他们的视频,会带着好奇心去听、去看,这样对于提升他们的听力水平是非常有利的。

当然,一般访谈的内容包含多个层面,或者是为了沟通情感,或者是为了讲述生活中的一些有意义的事情,或者是介绍自己的一些经历等,这些都容易引起学生的共鸣,同时还能够从他们的表情、语速中,学到一些听力技巧以及如何处理一些紧急的事情等。

(三)建立多元化考核机制

在评价体系上,高校英语听力混合式教学要求以学生的专业能力、综合素养等作为教学目标,提倡学生展开自主学习与写作学习,这就要求在评价中必须打破传统的评价方式,即仅采用终结性评价,以教师考核为主。英语听力混合式教学要求采用多元评价考核机制,即教师考评、学生自评、同学互评等相结合,实行终结性评价与形成评价相融合,使学生从被评对象变成主人,而教师从单一的评价者变成评价的组织者。

(四)合理设计听力翻转课堂

在课程开始之前,教师需要布置好音频与视频材料,学生自行听这些材料。在课堂开始后,教师主要负责引导,他们不再对材料进行详细的讲解,然后给学生对答案,而是将更多的时间用于为学生讲解听力难点上,然后为学生介绍相关的背景知识。课堂形式的展开方式也可以有很多种,可以是表演形式,也可以是讨论形式等。

教师除了应用教材外,还可以自己录制或者应用他人录制好的音频或者视频,在录制时,设置相应的生词、短语以及句型,并添加一些背景知识,这些对于教师来说不仅可以节省时间,还可以提升学生的学习质量和效率。

教学总是围绕书本内容展开的,学生接触的英语材料是非常有限的,如果他们的语言输入不足,那么必然会对他们的语言输出产生影响,这样长期下去,学生对英语学习就失去了兴趣和积极性。另外,随着网络的发展,网络上有着丰富的教学资源,这些资源对于学生的英语学习也是非常有利的。听力与英语其他科目不同,其学习需要学生进行大量的练习,因此教师可以通过网络平台,为学生搜集相关的音频或者视频资料,让他们展开练习。

教师可以对这些网络资源进行整合,为他们的翻转课堂所用。例如,课堂教师可以从 TED 网站上选择一些音频或者视频,将视频与任务为学生布置下去,让学生有充足的时间进行观看。还可以从学生的不同程度出发,将学习任务分开,如果学生的水平是初级的水平,那么要求他们听懂大意即可,如果学生的水平是较高水平,可以让学生自己去查找一些相关背景,让他们弄懂正片文章,这样在课堂上他们可以相互讨论,使学生成为学习的主体。

第二节　信息化背景下高校英语口语技能的混合式教学

一、英语口语简述及技巧

(一)英语口语简述

口语作为一种日常交流与沟通的重要工具,在英语教学领域是非常重要的。口语这一技能并不单纯具体,其与其他技能往往具有交叉、重叠的关系。在英语教学过程中,口语教学很难与其他技能区分开来展开。简言之,英语教师在进行口语教学的过程中,往往也会涉及其他教学技能的掌握。

(一)口语的内涵

对于学习英语口语的学生而言,他们想要使用英语进行口语表达,首先就需要掌握一些英语的基础知识,如英语的节奏感、语音、语调、元音、辅音等,同时还需要掌握一些会话的技巧,如在交际过程中如何礼貌打断他人,如何有礼貌的回复他人等。可见,英语口语能力的提升并不是一件容易的事情,学生除了要掌握发音,而且还要掌握这门语言的功能。个体想要掌握一门语言,不仅要学会发音,而且还需要把握这门语言的其他方面的知识内容,如这门语言背后的社会习俗、文化背景、交际方式、社会礼仪等。可见,语言交际看似简单,其实相对复杂,是上述所有内容的一种综合体现。

(二)口语能力

人们对口语能力这一概念的理解往往不同,不同的理解通常会带来不同的教学效果。英语作为一门语言,是随着社会的发展而发展的,其学习理念同样也会逐渐变化。在以前,人们认为英语教学的理念就是发展学生的语言能力,让学生掌握基本的语音、词汇、语法、句法,学生只要对这些知识有了充分的掌握,就会自觉学会运用,流利地使用这门语言进行沟通与交流。然而,现实情况往往与人们想当然的局面大相径庭,而这种理念引导下的教学结果的弊端也越来越大。

20世纪七八十年代,西方国家涌现出大量的移民,在美国、新西兰、加拿大等国家都是如此,在这一现状的影响下,语言学领域的研究者以及作为一线工作者的教师对语言学习的传统模式有了很大的意见,他们的理念开始发生转变。这些人认为,学生只掌握语言的语音、词汇、语法等知识并不能真正的学会英语,更不意味着可以流利地开口讲英语,甚至不能利用自己所学的这门语言在社会上谋生。

之后,一些学者将语言能力视作交际能力的一部分。有些学者认为,交际能力是学生与他人利用语言展开信息互动,进而产生意义。这种能力与掌握词汇知识、语法知识的能力不同。但是,学生要想获得这一能力,就必须了解周围的环境。

社会语言能力往往指的是使用语言的人在不同的场合与环境中运用语言的能力,这一能力涉及的层面如下所示。

(1)语域,即正式语言或非正式语言的使用。

(2)用词是否恰当。

(3)语体变换与礼貌策略等。

例如,场合不同,个体就应该使用不同的用语,从而确保自己的话语合乎语法规则以及所在环境,表述过程中发音要清晰,如walking在一些正式场合就需要发音完整,而不能发成walkin;另外,在表述时用词也要相对正式,应该用father这一单词的时候就不可使用dad来替代,应该用child的时候就尽量不要使用kid。

语体变换指的是交际者根据不同的交际场合来变换语体,使用不同的语言形式。

第五章 信息化背景下高校英语听说技能的混合式教学

策略能力指的是交际者在表述过程中巧妙利用一些语言策略来弥补自己语言表述能力方面的不足。例如，当你用英语表达时，如果遇到不知道使用什么词来表达的情况下，会使用什么样的方法来传达自己的意思呢？例如，你在宾馆给前台服务员打电话，想告诉她你需要使用吹风机来吹干头发，但是你不知道"吹风机"这一单词，那么你可能会使用以下表述来传达自己的意思。

例1：

It is, uh, the thing that make the hair hot. You know, when you clean the hair and then after-that thing that make the hair hot when the hair has water. It's, um, it use electric to make the hair hot. Is not in the room and I want to use it.

例2：

So, uh, now, my hair is wet. And I must go to the party. So now, I need that machine, that little machine. What is the name? How do you call it in English?

例3：

We say in Spanish secadora-the dryer, but is for the hair. The dryer of the hair. Do you have a dryer of the hair? I need one please.

例4：

(Imagine that this guest is at the hotel's front desk talking directly to the clerk.)

Yes, uhm, please, I need, you know the thing, I do this (gestures brushing her hair and blow-drying it) after I am washing my hair. Do you have this thing?

分析上述四个例子可以发现，传达"吹风机"这一含义的方式是各不相同的，但最终都达到了自己的交际目的。可见，虽然说话者有时候自身的词汇量可能不足，不知道有些话语如何来表达，但这并不会严重影响交际双方的交往，他们可以采用别的方式来传达自己的信息,同样可以实现自己的交际目的。换言之,交际双方如果可以恰当使用一些交际策略,就可以顺利实现交际,实现自己的想法。

所谓语篇能力,即交际者所说或者所写的句子的连接关系,其中涉及两个层面:一是衔接,二是连贯。前者指的是在一句话中,各成分之间的词汇或者语法关系。后者指的是在一则语篇中,句子、语段之间所具备的复杂意义。

连贯性不仅体现在整段话语的每个单词中,而且连贯性的强弱还与听者自身所具有的文化背景知识有着极大的关系。有的话语从字面上看虽然体现不出连贯性,然而表述的隐含意义却是连贯的。

以上梳理的便是口语能力的主要要素。社会语言能力要求人们可以根据不同的场合、对象,将自己的意思准确、清楚、得体、流利地传达出来,充分维护自身的人际关系。策略能力可以帮助人们将一些难以表达出来的内容利用其他方式传达出来,如肢体动作等,从而顺利实现交际。语篇能力则要求人们可以清楚、有效地传达自己的信息,从而帮助听者顺利理解其中的意义。

(二)口语策略与具体技巧

1. 利用课外活动练习口语

英语课程的课堂时间十分有限,学生仅仅依靠课堂上的学习时间往往很难满足自身学习任务的要求,所以教师应该引导学生自动利用身边一切可以利用的时间和环境来练习口语。在课外,学生学习的知识可以作为课堂教学内容的补充,如果教师能够利用丰富的第二课堂,即课外活动,那么学生自身的口语能力提升的速度也是显而易见的。例如,教师可以组织学生进行英语演讲、英语作文比赛、英语短剧表演等,让学生将自己的表演录成视频,在多媒体教室播放,学生通过观看视频来提出自己的建议与

第五章　信息化背景下高校英语听说技能的混合式教学

评价,这可以在短时间内提升学生的英语口语能力。此外,有条件的教师还可以邀请一些外籍教师为学生进行课外讲座,或者创办英语学习期刊,设立英语广播站等,让学生在丰富自己课余生活的同时也能体会到英语口语的乐趣,从而更加热爱英语口语学习。

2. 利用美剧学习口语

大学校园中,美剧十分流行,深受学生的喜爱。实际上,美剧并不仅是一种消遣方式,还是帮助学生认识西方文化、提高口语表达能力和交际能力的重要途径。对此,教师可以通过美剧来开展口语教学,以改善口语教学环境,激发学生的学习兴趣,锻炼学生的口语表达能力。

(1)选择合适的美剧

美剧通常语言地道、故事情节生动富有吸引力,是一种有利于激发学生兴趣的学习资料。美剧类型丰富,题材各异,不同类型的美剧对学生的口语能力所发挥的作用也不相同,因此在运用美剧开展口语教学时,教师要对美剧进行筛选,选择有利于发展学生口语水平的美剧。此外,教师还要提醒学生不要只沉浸在对美剧的欣赏中而忽视对美剧中语言知识和文化背景的学习,鼓励学生带着学习动机来观赏美剧。

(2)开展层次性的反复训练

在运用美剧进行口语教学时,教师应遵循循序渐进原则,开展反复性的练习,逐步提升学生的口语能力。例如,在首次观看的时候,教师要引导学生将精力放在剧情上;在第二次观看时,教师可以引导学生对剧中的表达和语法等进行推敲;第三次观看时,教师可引导学生重点对人物说话的语气以及台词所隐含的内容进行挖掘和分析。分层逐步开展,可以有效加深理解和记忆,对提高学生的口语能力十分有利。

(3)关闭字幕自主理解

在看美剧时,很多学生习惯看字幕,脱离字幕将无法正常观看影片,实际上这样观看美剧对提高口语表达能力并不利。在观看美剧时,学生应对台词形成自己的理解,在不偏离剧情中心思想的情况下抛开字幕自主理解,可以有效锻炼英语交际思维。

(4)勇于开口模仿

学生要想通过美剧切实提高口语交际能力,就要在听懂台词、了解剧情的基础上开口说,即对剧中人物的台词进行模仿。只有不断地开口练习,才能培养英语语感,增加知识储备,进而提高口语交际能力。总体而言,采用美剧来辅助英语口语教学能有效提升学生的听说能力,还能提升学生的写作能力,进而培养学生的跨文化交际能力。

3. 利用课堂活动练习口语

口语学习的目的是进行实际交际,所以学生只有在真实的情境中开口说英语,才能使自己的口语能力得到锻炼。对此,教师可以采用情境教学法开展口语教学,即创设真实的情境,让学生在真实的环境下学习口语。具体而言,教师可以通过角色表演和配音两种活动来创设情境,锻炼学生的口语能力。

(1)角色表演

教师可以根据教学内容让学生进行角色扮演,将主动权交给学生,让学生自主分工、自行排练,然后进行表演。这种方式深受学生喜爱,不仅能缓解机械、沉闷的教学环境,还能激发学生说的兴趣,让学生在真实的社会场景中进行社交活动,锻炼口语能力。当学生表演结束后,教师不要急于评价学生,应先给学生一些建议,然后再进行点评和总结。

(2)配音

配音是一种有效锻炼学生口语能力的方式,教师可以充分利用配音活动来提高学生的口语水平。具体而言,教师可以选取一部英文电影的片段,先让学生听一遍原声对白,同时向学生讲解其中的一些难点,然后让学生再听两遍并记住台词,最后将电影调至无声,让学生进行配音。这种方式可有效激发学生开口说的积极性,而且能让学生欣赏影片的同时锻炼口语能力。

二、英语口语技能教学的原则

在英语口语教学中,教师应遵循科学的教学原则,以有效提高学生的口语水平,提升教学的效率。具体而言,可遵循以下几项原则。

(一)先听后说原则

在英语语言技能中,听和说是相辅相成的,听是说的基础,俗话说"耳熟能详",只有认真听、反复听、坚持听,才能最终说出一口流利的英语。因此,英语口语教学应当坚持先听后说原则,即教师首先应注意加强学生听的能力,其次才是说的能力。只有坚持先听后说原则,才能帮助学生掌握正确的发音,为训练口语能力打下良好基础。

(二)循序渐进原则

口语能力的提升需要一个很长的过程,不可能一蹴而就,因此在英语口语教学中,教师应遵循循序渐进原则,即由易到难、由理论到实践,层层深入,逐步提升学生的口语能力。我国的大学生来自全国各地,不仅英语水平参差不齐,发音也会受方言的影响,因此教师在口语教学的过程中首先应该解决学生语音、发音层面上的问题与困难,纠正他们的错误发音,让学生根据从简单到复杂的程序,从语音、语调、句子、语段等逐步进行锻炼。另外,教师在安排与设计教学步骤时也要遵循科学原则,充分把握难易程度。如果教学目标定得太高,学生学习起来会有压力,如果目标定得太低,学生学习起来会缺乏挑战性和乐趣,因此教学目标设计要适度,要符合学生的实际水平。

(三)内外兼顾原则

所谓内外兼顾原则,是指考虑问题时要顾及内、外两个方面。

在这一原则的指导下,教师在英语口语教学的过程中不仅要重视课堂教学,而且还需要引导学生合理利用课外活动来练习口语。事实上,学生的口语学习应该以课堂教学为主,并且将课外活动中的口语学习作为课堂学习的一种补充,二者相互促进、相互配合。在课堂教学练习的基础上,学生开展相应的课外活动,可以将课堂上所学习的知识在课外活动中进行充分实践,从而达到复习、巩固知识的目的。此外,学生在课外活动中还可以运用课堂上所学习的理论知识,将知识内容转化为技能。与课堂活动相比较而言,课外活动的氛围比较轻松,学生的心情也会十分愉悦,在这种放松的心情下来练习口语将会取得令人意想不到的效果。在课程结束之后,教师为学生安排作业与练习之前,可以将学生分组,让学生以小组为单位来完成作业,通过相互讨论小组任务,可以帮助学生提升自身的口语能力,同时也可适度加强学生的团结协作能力。

(四)互动原则

口语训练本身非常枯燥,长期的枯燥训练会让学生失去学习的兴趣和积极性。因此,在口语教学中,教师要坚持互动原则,不能不管不顾学生的学习进度与情况。在口语训练时,教师应该努力使其具有互动性,这种互动性能有效提升学生的学习兴趣。

另外,为了保证互动性,教师应该为学生设计一些互动性的话题,让学生能够展开互动训练。

三、高校英语口语技能教学中混合式教学的实施

(一)教学理念和教学目标

在高校英语口语教学中,应该坚持以学生为中心,课堂内应该将学生的主体作用发挥出来,教师充当主导的角色,这样才能真正地提升教学的效果。基于这样的理念,高校英语口语教学应

第五章　信息化背景下高校英语听说技能的混合式教学

该对学生的自信心、准确性等进行培养,发挥英语作为工具性作用。开学初期,教师应该对不同阶段学生的口语评价标准有清晰的了解,学生首先对自己的英语口语水平有所了解,教师进而展开诊断性评断,引导学生对口语学习目标等进行制订,这样提升英语口语教与学的水平。

(二)课前线上翻转预习

高校英语口语教学是建立在英语综合教程基础上的。在课前,预习主要是线上的预习。教师在设置预习任务的时候,应该从单元课文主题设计出发,采用多种形式,如问题讨论形式、朗读形式、角色扮演形式等,便于学生展开移动学习,为课堂的展开做铺垫。

同时,学生应该采用网络技术,对相关英文文章、视频等进行搜索,对课堂口语学习任务进行准备。通过线上学习,学生展开英语语言的输入与输出,为课堂展开做铺垫,还能一定程度上增强学生口语表达的自信心。这种模式将传统的讲授式教学进行颠覆,实现了从教到学的转变,也调动了学生学习的积极性。

(三)课中线下交流+信息技术

在课堂上,教师检查学生口语任务的完成情况,教师的角色也发生了转变,从操控者逐渐向指导者转变。在课堂上,口语活动除了面对面交流,还可以通过QQ语音来参与,这样可以使学生都参与其中,增强学生参与课堂的程度。

教师对学生的口语情况进行反馈,分析学生的口语流利情况、语音情况、词汇是否多样、语法是否准确等,帮助学生对口语进行诊断,进而让学生更有效地进行学习。在课堂中,教师可以利用慕课资源,对学生的口语教学进行辅助,实现课堂与网络之间的融合,提升高校英语口语教学的效果。

高校英语口语课堂教学是建立在其他技能教学基础上的。因此,学生在听的基础上展开讨论与复述,这其实是在促进说。在阅读中,教师从文章内容中提出一些具备挑战的问题,让学生发散思维,提升综合能力。对于每一单元的课文,学生可以进行朗读,这样可以纠正学生的发音情况。当然,口语活动结束之后,教师可以要求学生展开一定程度的写作,这样可以使口语与写作相融合,提升学生的综合语言能力。

(四)课后线上+线下拓展学习

在课堂结束之后,学生可以运用网络技术展开线上与线下的学习。采用校园的听说系统,利用网络技术进行重复训练,对自己的学习效果加以巩固,提升自身的准确度与流利性。从课堂教学出发,为学生布置新的交互活动,如讨论、角色扮演等,学生在线下进行准备,然后通过手机录像上传,教师可以选取其中一些在下一节课进行展示。

学生利用教师推荐的网站与链接,在课堂结束后展开自主学习,如果学习中遇到问题,教师可以通过微信直播等形式为学生解惑,这些任务可以让学生的口语学习转到课外。在课堂结束之后,鼓励学生参与第二课堂或者一些朗诵比赛、话剧活动等,这也是线下学习的方式,从而不断提升学生的口语交际能力。

第六章 信息化背景下高校英语读写译技能的混合式教学

除了听说技能,读写译技能也是高校英语教学的重要组成部分。阅读与写作是书面语言中重要的输入与输出方式,在语言与文化交流中有着非常重要的作用。翻译是不同语言之间的转换过程,是语言与文化交流中的重要媒介和桥梁。因此,阅读、写作、翻译不仅是语言的重要技能,还是交际的重要形式。在信息化背景下,高校英语读写译技能的混合式教学可以更好地提升学生的读写译能力,使他们成为具备综合素质的英语人才。本章就对信息化背景下高校英语读写译技能的混合式教学展开分析。

第一节 信息化背景下高校英语阅读技能的混合式教学

一、英语阅读简述

(一)阅读的内涵

1. 阅读活动

阅读这一活动在人类社会中非常重要,其随着文字的产生而不断发展。正是因为文字,人们才能将声音信息转向视觉信息,并对其进行保存。在现代社会中,不仅学习者的学习离不开阅读活动,社会生活的各个方面也都离不开阅读活动。阅读活动的性质可从以下几方面理解。

(1)阅读是以书面材料为中介的特殊的交际过程。它是作为一种特殊的交际方式而存在的社会现象,"作者—文本—读者"三极是构成这个过程的三个基本要素。在这个过程中,读者不仅要透过文本去发现、理解作者要表现的世界,而且要通过与作者在情感、理智上的对话与交流,实现意义的生成及主体自我的创造与重构。

(2)阅读是读者从书面语言符号中获取意义的认知过程。通过阅读,读者可以把外部的语言信息转化为内部的语言信息,将文本所蕴含的思想转变为自己的思想,从而不断地丰富和完善自己的认知结构。

(3)阅读是人类社会的一种言语实践行为。它是主体感受、理解文本、建构与创造意义的过程。

(4)阅读是一种复杂的心智活动过程。在阅读活动中,读者先要运用视觉感知文字符号,然后通过分析、综合、概括、判断、推理等思维活动对感知的材料进行加工,把经过理解、鉴别、重构的内容融入原有的认知结构之中,而且这种思维活动要贯穿阅读过程的始终,必须凭借全部的心智活动及特定的智力技能才能完成。

2. 阅读理解

在语言学习过程中,阅读能力一直都发挥着重要的作用,因此很多国家都十分重视阅读。例如,美国做过"美国阅读动员报告",英国启动了"阅读是基础"运动,两国还投入了大量人力和财力来推动国民阅读能力的培养。在中国教育教学中,阅读能力也深受重视。关于阅读的定义,不同的学者发表了不同的看法。纳托尔(Christine Nuttall,2002)对阅读的理解总结为以下三组词。

(1)解码,破译,识别。

(2)发声,说话,读。

第六章　信息化背景下高校英语读写译技能的混合式教学

（3）理解，反应，意义。

"解码，破译，识别"这组词重点关注阅读理解的第一步，也是十分关键的一步，读者能否迅速识别词汇，对于读者而言有着重要的意义。"发声，说话，读"是对"朗读"这种基本阅读技能的诠释，这属于阅读的初级阶段。朗读是将书面语言有声化，在各种感官的共同作用下加快对阅读内容的理解，这有助于语感的培养。通常，随着阶段的提升，读的要求会从有声变为无声。"理解，反应，意义"强调阅读过程中意义的理解与交流。在这一过程中，读者不再是被动接受阅读材料中的信息，而是带着一定的目的，积极地运用阅读技巧去理解阅读材料的主要信息。

Aebersold（2003）认为，读者和阅读文本是构成阅读的两个物质实体，而真正的阅读是二者之间的互动。

王笃勤（2003）指出，阅读是一项复杂的认知活动，是读者提取文本中的信息并与大脑中已有的知识结合，从而建构意义的过程。读者理解阅读文本的过程中主要涉及三种信息加工活动，分别是对句子层面、段落或命题层面、整体语篇结构的分析活动。

由上述定义可以看出，很多学者都认为阅读涉及读者和阅读文本，并且认为阅读是这二者之间的交流互动。简单而言，阅读就是读者积极运用已经掌握的语言知识和背景知识等对语言材料进行处理，同时获取信息的过程。

3. 阅读模式

关于阅读的模式，不同的学者有着不同的理解，基于对阅读不同的理解，人们提出了以下四种阅读模式。

（1）自下而上模式

自下而上模式即在阅读中，读者从下到上、从底层到高层进行解码的过程。这种解码过程是从分析词、句到篇章的过程。受这一模式的影响，传统的阅读教学侧重于讲授词、句等基础知识，忽视了教授学生把握整体语篇，显然不利于学生的阅读学习。

(2)自上而下模式

自上而下模式即阅读不再从低层出发,而是从高层次的语境出发,对整个语篇的意义进行预测。在阅读时,应该从自身的已有知识出发,对文本材料加以预测与修正,实现读者与作者的双向交流。在阅读中,读者将自身的已有知识调动起来,从文章内容出发,对作者的意图进行推断。受这一模式的影响,阅读教学侧重于培养学生的推测能力,主张在提升阅读质量的同时提升阅读速度与效率。但是这一模式对于学生已有的知识过于强调,忽视了教学中对语言知识的积累和把握,容易让学生产生阅读问题。

(3)图式驱动模式

图式驱动模式,该模式认为阅读是一种心理猜测过程,整个过程都在围绕猜测进行。与文本驱动模式的区别是,该模式认为阅读过程涉及两个方面,即文本和读者。在文本阅读过程中,读者运用已有的话题知识、语篇知识、文化知识等来理解正在阅读的材料和猜测接下来将要阅读的材料。

(4)交互阅读模式

交互阅读模式,该模式认为阅读是一种交互过程,这种交互包含两个方面:一方面是读者与文本的交互,另一方面是文本驱动与图式驱动的交互。该模式既注重语言基础知识,也注重背景知识在阅读中的作用。并且认为,只有将解码技能与图式相互作用,才能完成文本的理解。该模式要求教师在阅读教学中既要重视基础语言知识的传授,又要引导学习者激发脑海中的已有图式,从而促进学习者建构与新知识的联系,提高阅读效率。

(二)阅读策略与具体技巧

1. 阅读策略

(1)引导

引导过程的基本任务是确定学习目标,唤起学习者学习动

第六章　信息化背景下高校英语读写译技能的混合式教学

机。一般包括以下教学内容:预习、解题、介绍有关资料、导入新课。阅读实践中,可以全部运用,也可以只运用其中的若干项。

①预习。预习是学习者学习的准备阶段。学习者可以在课前预习,也可以在课堂上进行预习。

②解题。课文标题相当于文章的"眼睛",透过课题可以了解文章的内涵和特点,所以,学习者可找到理解课文的纹理脉络。课文标题与文章内容的关系,或者是课文标题直接揭示主题,或者课文标题指示选材范围或对象,或者课文标题直接指示事件,或者课文标题隐含深刻寓意等。

③介绍有关资料。介绍有关资料是帮助学习者深入学习和理解课文的基础,包括介绍作者生平、写作缘起、时代背景和社会影响等内容。介绍有关资料也应据课文特点和学习者学情具体而定,可以几个方面的内容都作介绍,也可以有选择地进行介绍。

(2)研读

研读过程是阅读的核心环节,主要是对课文的内容和形式作深入的研读和探讨。根据阅读活动的特点,研读过程一般分为三个阶段:感知阶段、分析阶段、综合阶段。感知阶段是对课文的整体认识,分析阶段是深入课文的具体认识,综合阶段是课文的整体理解和把握。

①感知阶段。感知阶段一般包括以下几方面的内容:认识生字新词、课文通读、感知内容、质疑问难。

②分析阶段。分析阶段是对课文内容和形式进行深入细致的具体分析研讨,主要包括文章结构分析、内容要素分析、写作技巧分析、语言特点分析、重难点分析。

③综合阶段。综合阶段是在分析阶段的基础上进行的,是由局部到整体的概括过程,由现象到本质的抽象过程。综合阶段的教学任务一般包括概括中心思想、总结写作特点等。

(3)运用

运用过程的基本任务就是学习者把分析综合阶段中学得的知识应用于实践,转化为英语能力。转化的途径就是集中训练,一般采用听、说、读、写等多种方法进行,这是阅读的关键。

阅读过程中有多边矛盾,而核心的矛盾是学习者认识、学习课文的矛盾,其他矛盾都从属并服从于这一矛盾。因此,学习者应有效地认识、学习课文。

2. 阅读技巧

从横向上看,阅读的方式有朗读、默读;精读、略读、速读,相应的就有阅读的技巧。

(1)朗读

朗读就是出声地读,是通过读出词语和句子的声音把诉诸视觉的文字语言转化为诉诸听觉的有声语言。朗读有助于增强对语言的感受能力,从而加深对文章思想感情的体味理解;可以促进记忆,积累语言材料;有助于形成语感,提高口头和书面的表达能力等朗读训练的基本要求。朗读训练的方式主要有:范读、领读、仿读、接替读、轮读、提问接读齐读、小组读、个别读、散读、分角色读等。对读物可采取全篇读、分段读、重点读等。

(2)默读

默读是指不出声的阅读,它通过视觉接受文字符号后,直接反射给大脑,可以立即进行译码、理解,因此,默读又称"直接阅读"。一般说的阅读能力,实际多指默读能力,因为它在实际学习和生活中运用得最多。

默读训练的要求:感知文字符号要正确,注意字音、字形、词语的搭配句子的排列;要讲究一定的速度,要学会抓重点;在阅读中学会思考,根据文章的内容,向自己提出问题,解决问题。

根据默读训练的要求,默读训练可着重从下面三方面进行。

第一,视觉功能的训练。主要是扩大视觉幅度的训练,增加一次辨认的字的数量,同时提高视觉接受文字符号的速度,减少眼停次数和回视次数。

第二,默读理解的训练。主要是要教会学习者如何调动想象、联想、思维和记忆的作用,以提高理解读物的内容深度和

第六章 信息化背景下高校英语读写译技能的混合式教学

速度。

第三,默读习惯的训练。主要是帮助学习者克服不良习惯,如出声读、唇读、喉读、指读、回读等;使学习者养成良好的阅读习惯,如认真、专注、边读边思,边读边记等,良好的阅读习惯,能够提高阅读效率。

(3)精读

精读是逐字逐句深入钻研、咬文嚼字的一种阅读。

精读训练的基本要求:对读物从整体到部分,从部分到整体,从形式到内容,从内容到形式的反复思考深入理解;对于阅读材料中的关键词语或句子,要仔细推敲琢磨,不仅要理解其表层的意义,而且要深入领会其言外之意、画外之象;养成边阅读边思考、边阅读边做笔记的习惯,因为只有真正独立思考的主动的阅读活动,才是有效的阅读活动。

为了提高精读训练的有效性,教师在精读训练过程中要提示精读的步骤和方法,给予适当的引导,使学习者逐步练习,直到完全掌握精读技能、形成熟练的技巧与习惯。

精读训练可以有不同的步骤,各有侧重。具有代表性的精读步骤有以下几种。

三步阅读法:认读→理解→鉴赏。

五步阅读法:纵览→发问→阅读→记忆→复习。

六步自读法:认读→辨体→审题→问答→质疑→评析。

在实施阅读训练的过程中,无论哪一个步骤或环节都需要运用良好的、合适的阅读方法才能保证精读的顺利完成。实际上,精读没有固定不变的步骤和方法,每个教师都可以根据自己的经验和学习者的情况提出训练方案,同时鼓励学习者在实际阅读和训练中,总结出符合个人阅读情况的步骤和方法。

(4)略读

略读是指粗知文本大意的一种阅读,是一种相对于精读而言的阅读方式。略读对文章的阅读理解要求较低,略读的特点是"提纲挈领"。它的优势在于快速捕捉信息,在于发挥人的知觉思维的作用,一般与精读训练总是交叉进行的。

略读训练指导应注意:第一,加强注意力的培养,提高在大量的文字信息中捕捉必要信息的能力,纠正漫不经心的阅读习惯。第二,加强拓宽视觉范围、提高扫视速度的训练。第三,着重训练阅读后,用简练的语句迅速归纳材料的总体内容或概括中心意思的能力。第四,注意教给学习者如何利用书目优选阅读书籍,利用序目了解读物全貌,如何寻找和利用参考书解决疑问,以及略读中如何根据不同文体抓略读要点等。

(5)速读

速读是指在有限的时间里,迅速抓住阅读要点和中心,或按要求捕捉读物中某一内容的一种阅读方式。速读的基本要求:使用默读的方式;扩大视觉范围,目光以词语、句子或行、段为单位移动,改变逐字逐句视读的习惯;高度集中注意力进行阅读的习惯;每读一通都有明确的阅读目标的习惯;减少回读;从顺次阅读进入跳读。

速读方法的训练主要有:一是提问法,读前报出问题,限时阅读后,按问题检查效果。二是记要法,边读边记中心句、内容要点或主要人物和事件等,读后写出提要。三是跳读法,速读中迅速跳过已知的或次要的部分,迅速选取与阅读目的相符的内容,着重阅读未知的、主要的或有疑问的地方。四是猜读法,即根据上文猜测下文的意思,或根据下文猜上文的意思,能迅速猜测出意思的,就不必刻意去读。当然,速读训练应注意根据学习者的阅读基础和读物的难度来规定速度的要求。

二、英语阅读技能教学的原则

(一)激活背景知识原则

文化语境知识即所谓的背景知识,是读者在对某一语篇理解的过程中所具备的态度、价值观、对行为方式的期待、达到共同目

第六章　信息化背景下高校英语读写译技能的混合式教学

标的方式等外部世界知识。在英语阅读教学中,背景知识是重要的组成部分,尤其是对母语为汉语的人来说,阅读那些源自汉语文化背景的著作要容易一些,但是阅读那些不同文化背景下的相关著作必然会遇到困境。要想对以英语文化为背景的语篇有着深刻的理解,必然需要具备相关的文化语境图式,这样才能实现语篇与学生文化背景图式的吻合。读者的背景知识会对学生的阅读理解产生影响。其中,背景知识包含学生在阅读语篇过程中所应该具备的全部经历,包括教育经历、生活经历、母语知识、语法知识等。如果教师通过设定目标、预测、讲解一些背景知识,读者的阅读能力就能够大幅度的提高。如果学生对所阅读的话题并不清楚,教师就需要建构语境来辅助学生的学习,从而启动整个阅读过程。

(二)重视一般词汇教学原则

对于英语阅读而言,词汇是必不可少的组成部分,也是顺利进行阅读的基础。作为一名英语教师,应该理解词汇在阅读理解中所扮演的角色。学生理解基础词汇,有助于他们在阅读上下文时猜测出一些低频词汇的含义。根据研究显示,那些经常阅读学术性文章的学生对术语应付的能力要明显强于应付一般词汇的能力。因此,学生如何积累一般的词汇是教师需要关注的问题。

在词汇积累教学中,单词网络图是比较好的方式。在英语阅读课堂上,教师可以给出一个核心概念词,然后让学生根据该词进行扩展,从而建构其他与之相关的词汇。需要指出的是,高频词教学在词汇积累中是非常重要的,其有必要渗透在英语听、说、读、写、译教学之中,并在细节层面给予高频词过多的关注,这样才能便于学生顺利完成阅读,并根据这些高频词顺利猜测陌生词的语义。

(三)把握阅读教学关键原则

受中国应试教育的影响,阅读教学与其他教学一样,教师将更多的关注点放在教学检测结果之上,而阅读理解中的理解却被忽视。实际上,成功完成阅读的关键就在于完善与监控阅读理解。为了能够让学生学会理解,可以从学生的自我检测入手,并鼓励他们同教师探讨具体的理解策略,这是元认知与认知过程的紧密结合。例如,教师不应该在学生阅读完一篇文章之后,提问学生关于理解的问题,而是应该为学生示范如何进行理解。全体学生一起阅读、一起探讨,这样便于每一位学生理解文章的内容。

(四)速度与流畅度结合原则

英语阅读教学存在一个严重的困难就是,虽然学生具备了阅读的能力,但是很难进行流畅的阅读。也就是说,当教师将更多的关注点放在学生阅读的准确性上,而忽视了学生阅读的流畅性。这就要求教师在阅读教学中应该找寻一个平衡点,不仅帮助学生提高阅读的速度,还要保证学生阅读的流畅性,这是阅读教学培养速度的最终目的。一般来说,学生阅读的过程不应该被词汇识别干扰,而是应该花费更多的时间研读内容及语言背后的文化。要想提升阅读的速度,一个好的办法就是反复进行阅读。学生通过反复地阅读,直到实现速度与理解的结合。

三、高校英语阅读技能教学中混合式教学的实施

(一)发挥网络互动优势,激发学生的学习兴趣

教师可以利用信息技术为学生的英语阅读创建一个平台,让学生充分参与其中,利用这一平台来扩展自己的阅读能力。利用信息技术,教师可以为学生准备阅读的丰富资料,实现阅读资源共享。在教学过程中,教师可以依据教材中的内容为学生建立一个网络阅读资料库,将教材中阅读的重点、难点都上传到网络上,同时为学生补充适当的课外知识,以拓展学生的阅读视野。此外,为了避免学生在阅读学习中出现乏味情绪,教师还可以在学

生阅读的资料中添加一些图片、视频、漫画、音乐等,在材料的格式、设计上也可以体现自己的特点,让学生爱上英语阅读。

(二)科学合理地选择阅读材料

显然,学生阅读能力的提高离不开大量的练习,换言之,英语阅读属于一门技巧训练的课程,需要花费大量的时间进行阅读训练。因此,这就要求教师为学生准备科学的阅读材料。在信息技术的帮助下,教师可以为学生找到一些贴近课堂教学内容的阅读材料。在开始上课之前,教师可以为学生布置一些阅读要点,让学生自己上网搜索浏览,这可以在一定程度上培养大学生的查询以及获取信息的能力。随后,教师将自己所准备的阅读材料发给学生,让学生通过小组的形式阅读与交流,并分享心得。等到课堂结束的时候,教师可以安排学生对这次阅读活动进行总结,每一位学生都要写出总结报告,然后教师对学生的报告给予口头评价。

(三)课内外与线上、线下有效结合

在高校英语阅读教学中运用混合式教学,英语教师要将课内外教学与线上、线下教学相融合。首先,在课堂上,主要是教师引导学生对课文展开篇章阅读,使学生能够对阅读技巧与方法加以掌握。其次,在课外的阅读学习中,教师可以为学生布置一些任务,让学生在课下完成,同时要求学生多阅读一些名著与报纸,让学生对文章主旨大意有所了解,从而培养学生的阅读习惯。

(四)科学地进行评估与分类指导

教师除了利用信息技术在课堂上授课之外,还可以利用信息技术对学生的学习成果进行评估。在设计一套合理教学评估方案之前,教师可以利用网络技术搜索与阅读相关的评价理论或内容,进而结合自身所教授的阅读材料中的生词、语法、词汇量、句法等知识来设计评估内容,如此获取的评估结果将可以充分了解学生的阅读水平。同时,教师还可以对学生的评估结果进行线上统计,对学生阅读的时间、阅读的效率也有充分的了解。

总体而言,高校英语阅读实行混合式教学,有助于提升学生的阅读能力与水平,通过教师的设计,让学生对阅读技巧与方法进行合理的把握,提升他们养成良好的阅读习惯。

第二节 信息化背景下高校英语写作技能的混合式教学

一、英语写作简述

(一)写作的内涵

写作在人们的日常生活中是非常常见的。对于写作,不同的学者对其解释不同。

瑞密斯(Raimes,1983)认为,写作涉及两大功能:一是写作者为了语言学习而进行写作,通过写作来巩固语言知识;二是为了写作而写作。

王俊菊(2006)认为写作不仅是视觉上书写,更是一个复杂的活动,是对信息进行加工的活动。

虽然解释不同,但是对写作的本质认识具有相似性,即写作是写作者用于传达思想与信息的过程,其中要求写作者具备多项技能,能够有效传达信息。

(二)写作策略与具体技巧

1. 自由写作

自由写作(free writing)就像是一个开启思维情感的闸门,是一种思维激发活动(brainstorming)。其主要目的是克服写作的

第六章 信息化背景下高校英语读写译技能的混合式教学

心理压力,激发思维活动和探索主题内容。

(1)寻找写作范围

在进行自由写作时,首先要确定写作范围。将头脑中能想到的内容都写下来,这些内容看似无用,但仔细品读就会发现,这些杂乱甚至毫无联系的句子隐含着自己最为关心的情绪,只是隐藏在思想深处,无法注意到。确定一个代表着自己真情实感的写作范围,而且找到最为闪亮的句子或词语,为接下来的写作奠定基础。

(2)寻找写作的材料

在确定写作范围后,就要寻找写作素材。在特定的范围内开展自由写作,尽管这是有所约束的写作,但是还要放松地进行。在停笔之后,通读所写的文字,分门别类地整理这些写作的材料,提炼出文章的基本线索和层次结构。

(3)成文

在两次自由写作的基础上,构建真正属于自己的完整的文章。前两个阶段的自由写作实际把构思过程通过文字语言给外化了,是对构思过程的一种自由解放,在无束缚中发挥出写作主体的创造性和能动性。

2. 模仿写作

这一方法非常常用,即采用已有的形式,添加自己的思想展开写作。模仿是学习写作的基本途径,因而看重范文的作用。其结构主要包括仿写、改写、借鉴、博采四个依次递进的层次。

仿写就是按照范文的样子(包括内容)来"依样画葫芦"的训练。主要有仿写范文一点的点摹法和仿写全篇的全摹法两种形式。

改写是对范文的内容或形式进行某种改动,写出与原作基本一致而又有所不同的新作的训练方式,包括缩写、扩写、续写、变形式改写和变角度改写等几种形式。

借鉴是吸取范文的长处,为我所用,来写出有新意的文章的训练手段。具体方式有貌异心同、辞同意不同和意同辞不同等三种。

博采是博采百家之义，训练学习者从多篇文章中吸取营养，经过一番咀嚼、消化，然后集中地倾吐出来，写成自己的文章。这样，就已完成了从模仿到创造的过渡任务。

3. 单项作文

这就是我们通常所说的小作文，主要是针对学习者在写作过程中出现的具体环节进行局部或片段训练。比如，学习者的作文普遍存在命题随意或题目不新颖的问题，因此教师就可以进行"让作文题目亮起来"的专门针对题目的训练；比如，学习者的作文中只是叙述，缺少生动的描写和有深度的议论性语句，教师就可以进行表达方式的综合运用的训练。让学习者将叙述、描写、抒情、议论放在一起做综合训练，或者直接针对作文的立意、命题进行训练，对于提高学习者作文中的文采进行训练等。这种训练针对性强，一次作文解决一个问题，目的明确，篇幅短小，易操作，见效快。

4. 记叙文写作

记叙文是写人、叙事、状物的文章。记叙文包括通讯、特写、游记、回忆录等。在课本中，记叙文所占的比重很大，作文选择记叙文的也很多，因此教师需要做好记叙文的写作教学设计。

一般来说，以叙事为主的记叙文以现实生活中发生的、真实的、有一定意义的具体事件作为叙写对象。从理论上讲，可以是社会生活的事件，也可以是日常生活的事件，还可以是自然界的事件。有人把记叙文的表现对象，局限于"社会生活的典型事件"是不太恰当的。诚然社会生活的典型事件有其优越性。首先是典型性，并因其典型性而有普泛意义，这样就赋予了"事件"的现实意义；其次是社会性，并因其社会性而受到人们的热切关注，这样就赋予了"事件"以社会价值。教师在设计记叙文写作教学时

第六章 信息化背景下高校英语读写译技能的混合式教学

要体现教学大纲的要求,要把握记叙文的特点,要考虑到学习者的实际水平和接受能力。教学设计的形式应该是多样的,可以是常规型的,也可以是探索型的;可以简约,也可以详尽。总之,要有实用价值,要体现教学改革的精神。例如,教师让学习者以"今天中午"为题叙述自己的所见所闻,学习者在叙述的过程中可能会提到许多画面,教师就要引导他们将不同画面中的听觉、视觉、感觉表达出来,同时引导他们掌握叙述的节奏,如慢节奏的温馨早餐、快节奏的运动活动等。

5. 议论文写作

议论文写作要求作者通过摆事实、讲道理,直接表达自己的观点和主张。作者对客观事物进行分析、评论,以表明见解、主张、态度,通常由论点、论据、论证三部分构成。议论文写作教学虽然比不上记叙文写作的教学,但也是语言教学的一个组成部分。因此做好议论文写作教学设计十分必要。

一般来说,议论文写作教学设计首先要做好教师启发。学习者生活在一定的社会环境中,每天都要接触许多人,遇到许多事,听到许多议论,有令人满意的,也有不尽如人意或令人气愤的。同时,他们平时可能获得某些成功,也可能遇到某些困难或失败,这些都会使他们产生种种感受和看法,教师就需要学会启发他们思考。例如,用一些值得议论的典型事例或现象让他们思考,并将自己的思考用文字的形式表达出来,最后写成文章。

考虑到议论文中,学习者表达观点需要一定的论据支持,教师也要在教学设计中引导学习者找到论点和论据。由于学习者的身心发展还不成熟,因此议论水平不会太高,教师要注意不要设置太高的论点,以适应学习者的实际水平。

6. 说明文写作

说明文是以说明某种事物或某种过程为写作目的的一种写作形式。要写好说明文首先要对被说明的对象有充分的认识和了解,分析、比较这一事物和另一事物之间的不同点,把握事物的特点,然后紧紧抓住这一特点加以说明,只有这样,才能把事物说得明白清楚。例如,《我们的学校》就要写出我们的学校与其他学校的不同之处,切忌泛泛而谈。

教师在设计说明文写作教学时,应注意说明文给人以知识,所以学习者必须对所要传授的知识有所了解,这也是合理安排顺序的前提。如果对泰山没有比较丰富的知识,自己也没有仔细游览过,即使掌握了关于空间顺序或者时间顺序的技巧,也不可能给人以真正的知识。阐释事理亦然,如对事物本身的逻辑关系若明若暗,也无从安排逻辑顺序了。

此外,说明文和记叙文、议论文都有条理性即顺序安排问题。记叙文中的时间顺序安排应用极其广泛,写说明文时可有目的、有选择地进行借鉴。另外,记叙文中涉及写景和游记类文字中经常有方位安排的技巧,这也可在说明文中运用。议论文以说理为主,根据事物之间的逻辑关系进行判断推理,和事理说明文中逻辑顺序的安排有相通之处。

二、英语写作技能教学的原则

(一)以学生为主体原则

为了解决学生地位偏差的问题,在大学英语写作教学中,教师应遵循以学生为主体原则,即明确学生的主体地位,尊重学生的主体性,围绕学生展开教学。而只有激发了学生的兴趣,提高了学生的主动性,才能使学生成为学习的主体。总体而言,就是要学生积极参与教学活动,发挥学习的自主性,使学生积极自主学习,提高学生的写作能力。

(二)循序渐进原则

任何一件事情的顺利完成都是需要花费时间的,都是一个循序渐进的过程,大学英语写作教学也不例外。在英语写作教学中,循序渐进原则主要涉及以下几个方面。

1. 语言层面:由低到高

在语言层面,教师可以先让学生进行句子写作方面的练习,然后逐步过渡到段落与篇章的写作。由于课堂教学时间有限,教师可以将对句子的写作训练穿插在其他技能课中,如精读和听说课。此外,教师可以设置组织各种训练活动,如连词组句、补全句子、合并句子、扩充句子等,学生对句子写作逐步熟练后,教师就可以增加难度,过渡到篇章写作。

2. 语法结构层面:由易到难

在写作过程中,很多同学都因语法欠佳而无法使用哪怕稍微复杂一点的表达,这样势必会影响输出效果,写作质量也不会太高。因此,学生一定要重视语法学习,掌握基础的语法结构,在此基础上掌握更为复杂的语法结构。具体来说,在写作学习中,学生要先掌握简单句,然后掌握复杂句和并列句;先掌握短句,然后掌握长句;先掌握陈述句,然后掌握虚拟句和感叹句。对教师来说,也要坚持循序渐进原则,在语法结构上由易到难,帮助学生巩固基础,进而攻克薄弱环节。

3. 话题层面:由熟到生

学生对于自己熟悉的话题往往更有写作兴趣,写起来也相对容易。因此,教师在写作训练中,可以先从学生熟悉又感兴趣的话题开始,等学生掌握一定的写作技巧后,可以让学生就一些社会热点问题表达自己的观点,锻炼学生的写作水平。

4. 体裁层面:由简到繁

对学生来说,不同文体其难易程度各不相同。一般来说,记叙文的写作难度较低,其次是描写文,然后是说明文,议论文的写作难度最高。因此,在写作体裁方面,学生应从记叙文的写作训练开始,逐步向其他文体过渡。

(三)交际性原则

写作是一种重要的交际方式,其最终目的也是交际,因此大学英语写作教学应遵循交际性原则。具体而言,遵循交际性原则要求教师做到以下几点。首先,教学活动满足学生的即时需求,提高学生的交际能力。其次,写作教学活动要为学生提供写作交际的机会,使学生从中获得乐趣。最后,在修改活动中采用小组或同伴活动,加强学生之间的交流,让学生通过交流活动获得素材,从而为文章增添内容,锻炼学生的思维。

(四)恰当性原则

英语写作教学的恰当性是指写作任务的设计应该恰当。具体来说,写作任务需要具备如下两点特征:一是能够将学生思想交流的需求激发出来,让学生有内容可写;二是有助于提升学生的语言水平。这两点要求虽然都说的是作者对写作方法的要求,但是也对写作任务进行了设计。具体而言,如果教师要想设计一个好的任务,就需要从学生的实际出发,让学生有充足的内容进行写作。同时,教师也需要考虑学生的语言水平,这样他们才能完成写作。

(五)多样性原则

英语写作教学中需要坚持多样性原则,主要体现在训练方式与表达方式上。

从训练方式上说,教师应该采用多样化的方式,如可以通过扩写、仿写等办法训练学生的写作能力,同时教师应该把握好每一种方法的优缺点,让学生在多种方法下掌握适合自己的方法。

从表达方式上说,教师应该引导学生采用多种表达方式展开写作,而不仅仅是一种方式,这样才是灵活的写作。

三、高校英语写作技能教学中混合式教学的实施

(一)倡导学生运用信息技术支持英文写作

教师利用信息技术进行英语写作教学可以打破时空限制,实现写作资源的合理共享,并且充分补充英语教学资源。教师在英语写作教学中融合信息技术,可以让学生在网上搜索相关写作内容,并且对所搜索的内容进行整理与分析,把得出的结论最终应用到自己的写作内容中,顺利完成写作任务。

现代高校大学生都熟悉网络,每天都利用手机上网,对此,教师可以利用网络资源为学生增加写作的机会,充分激发学生对英语写作的兴趣,并在学生进行写作的过程中给予充分指导,形成一种和谐、融洽的交流氛围。

(二)利用计算机文字处理程序辅助英语写作,代替原有写作形式

当前,随着计算机技术的快速发展,人们可以利用计算机完成很多工作。在写作练习的过程中,学生也可以利用计算机的快捷、方便特点来完成写作任务,很多计算机中都带有对写作中的标点、大写、小写、拼写等进行检测的功能,那么学生就可以利用这些工具来检测自己所完成作文中的错误并进行改正。

其中,拼写、语法功能可以有效减少学生作文中的拼写、语法错误,编辑功能还可以帮助学生完善段落之间的连接、组织、转移等要求。另外,学生还可以利用添加、剪切、复制等来修改自己的作文。此外,很多计算机还带有词典,学生可以利用这一功能迅速找到自己想要使用的词,或者检查自己所使用词语的正确与否。

计算机文字处理程序的功能一定程度上减少了写作的重复劳动,节省了很多时间,因此学生能够花费更多精力在写作上,增强了他们对写作的兴趣和积极性。

(三)利用微信、QQ 辅助英语写作教学,加强师生间、生生间的交流

微信、QQ 可以成为英语教师教授写作课程的助手,帮助教师加强与学生之间的沟通与交流。在写作过程中,学生可以将自己完成的作文通过微信、QQ 发给教师,教师在完成批改之后,再利用微信、QQ 发给学生。学生对于教师批改的作文进行修改与反思,最终形成一篇优秀的作文。此外,教师可以鼓励学生利用微信、QQ 等与同学、他人用英语进行交流,尤其是与英语为母语的人进行交流,这可以有效帮助学生提升自身的英语运用能力。经过一段时间沟通,学生可以将自己的交流心得写成作文,其中可以写生活、学习、旅游、家庭、爱好等各个方面的主题作文,从而实现自身英语写作水平的提升。

第三节 信息化背景下高校英语翻译技能的混合式教学

一、英语翻译简述

(一)翻译的内涵

翻译的概念是翻译理论的基础与原点。翻译理论的很多流派都对翻译进行过界定。人们的翻译活动已经有 2000 多年的历史了,对翻译概念的认知也随之发生了改变。

1. 翻译的维度:从语言维度到语言—文化维度

从普通意义上对翻译内涵的论述有很多,但观点并不统一。通论式翻译概念的确立是从语言学角度来说的,并随着语言学研究的深入而不断完善与发展。

第六章　信息化背景下高校英语读写译技能的混合式教学

俄罗斯学者费奥多罗夫(Fyodorov)从传统语言学角度出发，指出翻译是"运用一种语言的多种手段，将另外一种语言的多种手段在形式、内容层面不可分割的统一体中所传达的东西，用完整、准确的语句表达出来的过程"。

英国学者卡特福德(J. C. Catford)从普通语言学理论视角，将翻译定义为"将源语文本材料替换成等值的译语文本材料的过程"。

英国学者纽马克(P. Newmark)认为，翻译形式是将一种语言、语言单位，转换成另一个语言的过程。所谓的语言、语言单位，指的是整个文本或者文本一部分的含义。

美国学者奈达与泰伯(E. A. Nida & C. R. Taber)指出："翻译是用目的语创造一个与源语最接近的等值物，意义为首，风格为次。"

通论式翻译概念对人们从宏观角度认识翻译有着巨大的帮助。但是，仅仅对语言角度进行强调也并不全面，也很难将翻译的概念完全地揭示出来，翻译的概念还应该涉及文化部分。

许钧指出："从语言学角度对翻译进行界定是将翻译活动限于语言转换层面，这样会容易遮盖翻译所囊括的广义内涵，容易忽视语际翻译的全过程及翻译中所承载的文化。"

科米萨罗夫(Komissarov)就指出："翻译过程不是仅仅将一种语言替换成另外一种语言，其是不同个性、文化、思维等的碰撞。"同时，科米萨罗夫还专门对翻译学中的社会学、文化学问题进行了研究。即便如此，他们下的定义还未能明确文化这一维度。

俄罗斯学者什维策尔认为翻译中应该将两种语言、两种文化、两种情境体现出来，并分析出二者的差别。在他看来，翻译可以进行以下界定。

(1)翻译是一个单向的，由两个阶段构成的跨语言、跨文化过程，在这一过程中，往往需要对源语文本进行有目的的分析，然后创作出译语文本，对源语文本进行替代。

(2)翻译是一个对源语文本交际效果进行传达的过程，其目的由于两种语言、文化、交际情境的差异性而逐渐改变。

很明显,什维策尔的定义包含了文化因素,并指出翻译是跨文化交际的过程,强调译本语境是另一种语言文化环境。

我国学者许钧认为翻译具有五大特征,即符号转换性、社会性、创造性、文化性、历史性。同时,基于这五大特征,将翻译定义为"以符号转换作为手段,以意义再生作为任务的一项跨文化交际活动"。

显然,当前的翻译已经从语言维度逐渐过渡到语言文化维度。

2. 翻译的传播形式:单向跨文化传播

在翻译的定义中将翻译的文化性体现出来,可谓是一个很大的进步。但是,在将文化性体现出来的同时,很多学者习惯运用"跨文化交流"或"跨文化交际"这样的说法。

翻译属于跨文化交际活动,但这大多是从历史角度对不同民族间的翻译活动历史成效进行的定性表述。

普罗瑟认为,跨文化交流活动需要的是双向互动,但是跨文化传播则需要的是单向活动。由于具体的翻译活动往往呈现的是单向过程,因此决定了翻译活动应该是一种传播活动。所以,如果确切地对翻译进行界定的话,可以将翻译定义为"一种跨文化传播活动"。

如果翻译的语言特征体现为不同语言之间的转换,那么翻译的文化特征体现的则是文化移植。当然,这种移植可以是引入,也可以是移出,由于源语文化与译语文化并不是对称的,同一个文化因素在引入与移出的过程中不可避免地会遇到不同的翻译策略。这样可以说明,无论是从语言转换的角度,还是从文化移植的角度,翻译都是单向性的。

3. 翻译的任务:源语文本的再现

在翻译的定义中经常会出现"意义"一词,其主要包含翻译的客体,即"翻译是什么?"应该说,"意义"相比费奥多罗夫的"所表达出的东西",更具有术语性,用其解答什么是翻译的问题是翻译学界的一大进步。但是也不得不说,有时候运用"意义"对翻译进行界定会引起某些偏差,因为很多人在理解意义时往往会受到结构主义语言学的影响,认为语言是有固定的、明确的意义的。但就实际程度来说,语言的意义非常复杂。

著名语言学家利奇(L. N. Leech)指出意义具有七大类型,同时指出:"我不希望给人留下这样的印象,即这些就是所有意义的类型,能够将所传递的一切意义都表达出来。"利奇还使用 sense 来表达狭义层面的意义,而对于包含七大意义在内的广义层面的意义,利奇将这些意义称为"交际价值",其对于人们认知翻译十分重要。换句话说,源语文本中的这种广义层面的意义实际上指代的都是不同的价值,将这些价值结合起来就是所谓的总体价值。

很多学者指出,如果不将原作的细节考虑进去,就无法来谈论原作的整体层面。但需要指出的是,原作的整体不是细节的简单叠加,因此从整体上对原作进行考量,并分析翻译的概念是十分必要的。

王宏印在对翻译进行界定时指出:"翻译的客体是文本,并指出文本是语言活动的完整作品,其是稳定、独立的客观实体。"但是,原作文本作为一个整体如何成为译本呢?作者认为,美学中的"再现"恰好能解释这一过程。

在美学中,再现是对模仿的一种超越。在模仿说中,艺术家的地位是不值得被提出来的,他们不过是在现实之后的一种奴仆,他们的角色如镜子一样,仅仅是对现实的一种被动的记录,自己却没有得到任何东西。换句话说,在模仿说中,艺术品、艺术表现力是不值得被提出来的,因为最终要对艺术品进行评论,都是看其与真实物是否相像。实际上,模仿说并未真实地反映出艺术创作的情况,很多人认为模仿的过程是被动的,但是在看似这种被动的情况下,也包含了很多表现行为与艺术创造力,其中就包括艺术家的个人体验与个人风格。同样,即便是那些不涉及艺术性的信息类文本,其翻译活动也不是模仿,而是译者进行的创造过程;对于那些富含艺术性的文本,模仿说更是无稽之谈了。最终,模仿必然会被再现替代。

用"再现"这一术语对翻译概念进行说明,可以明确地展现翻译的创造性,可以将译作的非依附性清楚地表现出来。因为再现与被再现事物本身并不等同,而是一个创造性的艺术表现形式,同时再现可以实现译作替代原作的功能。

(二)翻译的分类

依据不同的标准,翻译有着不同的种类。以下就从不同的标准出发,来分析翻译的具体类型。

1. 从翻译作品种类分类

根据翻译作品的种类,翻译可以划分为五大类。

全译,即逐词逐句对原作进行翻译,是最常见的翻译种类。

摘译,即从出版部分、编辑人员、读者的要求出发,对原作的一部分进行翻译,其往往在一些报刊杂志中比较适用。

参译,即参考翻译,是一种自由的、特殊的翻译品种,可以是全译,也可以是摘译或者编译。

编译,即一篇原文或者几篇原文的内容进行串联的翻译,是一种特殊的翻译形式,其可以将原作松散的内容进行整合,还可以将多篇原作内容进行串联,对译文进行丰富。

写译,即译者将翻译作为主体的写作,是比编译更为宽松、自由的翻译形式。

2. 从翻译原作种类分类

根据翻译原作种类,可以将翻译划分为如下三种。

一般语言材料翻译,即日常使用的语言,其包含一般报刊翻译与各类应用文翻译。这类翻译往往包含四个特点。其一,杂,

第六章　信息化背景下高校英语读写译技能的混合式教学

即内容上包罗万象,不仅有趣味的新闻,还有科普类文章,更有生活常识类文章等。其二,浅,即语言上比较容易理解,不像文学作品那么深奥,也不像专业翻译那么专业化。其三,活,即与一般科技类文章相比,行文上比较活泼。其四,新,即语言上比较现代化,添加了很多新词、新语。因此,在翻译此类文本时,译者需要对"忠顺"的矛盾加以灵活处理,采用一切方法,对译文进行加工与修饰,追求行文的传神与活泼。

文学翻译,其要比一般语言材料的翻译较为困难,这是因为其具有如下几个特点。其一,长,即跨度时间都比较长,因此要求译者扎实的基本功。其二,突,即翻译时要凸显"忠顺"。其三,高,即要求译者具有较高的译语基本功,尤其是对世界名著展开翻译时,要求的译语基本功更高。其四,雅,即要求翻译时要雅,具有文学味道与作品气质。其五,创,即要求翻译时译者要发挥自身的创造性,这一点要比其他两种翻译要求更多,因为文学翻译对传神达意的要求更高。因此,在进行文学翻译时,译者需要对"忠顺"的矛盾进行灵活把握,解决二者的矛盾时需要考虑原作的特色、译作的目的以及译作的环境。

专业翻译,即包含科技资料、商务信函、军事著作等在内的各种文本的翻译,这里仅就科技翻译来说明其特点。其一,专业,即涉及大量的专业词汇与表达。其二,重大,即具有重大的责任,因为如果其误译的话,可能会造成严重的后果。其三,枯燥,这是其特殊性,因为其涉及的词汇、表达等有时非常的枯燥无味、晦涩难懂。

3. 从翻译工作主体分类

根据翻译工作的主体,可以将翻译划分为如下两类。

人工翻译,即传统的以译者作为主体的翻译形式,往往从多人到一人。

机器翻译,即20世纪70年代后出现的将翻译机器作为主体的翻译形式,往往从简单到智能型。

需要指出的是,机器翻译比较快,不怕重复,也不需要休息,但是它也存在着不足之处,即往往比较机械,离不开人,还需要译者进行核对、润色与定稿。因此,要想翻译准确,机器翻译也需要人工翻译的配合。

4. 从翻译等值程度划分类

根据等值程度,可以将翻译划分为如下四种。

完全等值,即1∶1的等值,是对于一种原文,虽然译法有一种或者几种,但是效果需要与原作保持基本一致。

部分等值,即1∶几或者几∶1的等值,其源自两种:一种是对某一原作,有几种译文;二是对于多种原作,仅有一种译文。无论是哪种,其都未达到完全等值,仅仅是部分等值。

假性不等值,即是前面的完全等值或者部分等值。这种现象也非常常见。原作中的某个词、句子等,有时候译文初看与原作不等值,但是译语明明有完全等值的表达,译者就是不采用。这是为什么呢?因为译者如果采用了完全等值的表达,其在实际中的效果就不能实现等值,虽然他们在措辞上似乎是不等值的,但是实际效果是等值的。

不等值,即1∶0或者0∶1的等值。

二、翻译教学理论分析

(一)翻译教学的内涵

翻译理论与实践相结合构成的一个重要领域就是翻译教学。在研究翻译的过程中,翻译教学是一个不可忽视的内容。要想提高翻译教学的水平,首先必须对翻译教学展开深入探究。对翻译教学实践发展起着决定性作用的就是对翻译教学理论的探究。因此,随着社会对翻译人才需求的大幅度增加,对于翻译教学的相关探究就显得极为重要。

第六章　信息化背景下高校英语读写译技能的混合式教学

但是,目前学界对翻译教学的内涵仍然存在较大争议。学者们对于翻译教学的范畴及翻译教学与教学翻译的区别并未达成共识。加拿大著名学者让·德利尔(Jean Delisle,1988)曾经对教学翻译(pedagogical translation)与翻译教学(pedagogy of translation)做过明确的区分。让·德利尔指出:"学校翻译也称'教学翻译',是为了学习某种语言或者在高水平中运用这种语言与深入了解这种语言的问题而采用的一种方法。学校翻译仅为一种教学方法。翻译教学追求目标与学校翻译目的不同,翻译教学不是为了掌握语言结构与丰富语言知识,也不是为了提高外语的水平。纯正的翻译目的是要出翻译自身的成果,而教学翻译的目的仅是为了考核学校外语学习的成果。"在之后的研究中,教学翻译被看成外语教学过程中的一种手段,是传统的语法—翻译教学中为辅助外语教学而展开的练习,目的是帮助学生认识外语与汉语在词汇、语法上的对应关系,提高语言水平与运用能力,练习材料以词句为单位。翻译教学则是以翻译能力为目标,更注重传授翻译知识、理念与技能,培养学生从事职业翻译的能力,练习材料一般翻译实践的语篇。对于教学翻译与翻译教学,我国学者穆雷从学科定位、教学目的、教学重点三个方面对其进行了区分,如表6-1所示。

表6-1　教学翻译与翻译教学的差异

区别点	教学翻译	翻译教学
学科定位	教学翻译	独立学科
教学目的	附属于外语教学,属于应用语言学	掌握翻译职业的理念、技能
教学重点	外语的语言结构及外语语言应用能力	翻译技巧与解决问题的能力;双语转换和职业翻译能力

(资料来源:严明,2009)

在之后的十几年中,穆雷对教学翻译与翻译教学的这种区分得到了我国学术界的广泛认同,并且引发了一系列相关的讨论。

然而,这种区分方式在某种程度上贬低了教学翻译,还束缚了翻译教学的多样性与创造性的发展。

近些年的研究有了一些新的突破。罗选民认为,学者对教学翻译与翻译教学的阐述有利于对概念的澄清,但翻译教学的概念要重新界定。翻译教学是由"大学翻译教学"与"专业翻译教学"组成的,将原来公认的教学翻译也纳入了翻译教学的范畴,其扩大了翻译教学的范围。

但这种方法中两者范畴不够清晰,难以适应当前翻译教学发展的多元化趋势。

在当前的大学外语教学中,为了满足学生毕业后进入外企应具备的翻译能力或者想考取翻译证书的需求,很多高校开设了应用提高阶段的选修课以适应形势的发展。

选修课要求学生必须通过全国大学英语四级考试并且对翻译具有浓厚的兴趣,在学时、内容上与英语专业的翻译教学有一定的相似性,培养目标是让学生在一年的时间里基本掌握必要的翻译技巧、了解翻译理论的框架性知识,具备初步的涉外翻译能力。当然,受学生的基础、接受能力、课后训练时间以及教师操作能力等的限制,教学效果仍然有较大的提升空间,其科学性与可行性有待论证。

(二)翻译教学的理念

1. 将翻译理论作为先导

翻译教学离不开翻译理论的指导,所以翻译教学的一个重要理念就是将翻译理论作为先导。目前,已经形成的翻译流派和内容十分繁多,如果将所有观点及相关内容都融入翻译理论中,不但会令读者感到空乏,而且缺乏科学性。不少翻译理论是源自宗教和哲学领域的,所以相对传统,也缺乏实用性。有调查显示,多数翻译理论仅适用于占每年翻译工作大概4%的文学翻译,而超过90%的实用翻译理论却很少提到。由此可见,翻译理论与实践的失衡可以说明翻译理论的不切实际。

相对来说，较为实用的翻译理论是翻译功能目的论。该理论强调，译本的预期目的与功能决定着翻译的过程。实用文体翻译通常具有现实的甚至功利的目的。这一目的在很大程度上受翻译委托人、译本接受者及其文化背景和情境的制约。目的和功能是实用文体翻译的重要依据，而功能目的论的理论核心就是目的和功能。因此，翻译的理论与实践有可能得到较好地结合。实际上，翻译课程的开设主要是为了培养学生英语语言运用的能力，而通过实践，可以看出学生选择这门课程更多的是为了在考试中获得高分或为了工作。因此，将翻译的功能目的论作为翻译的理论依据，用于指导学生的翻译课程，更利于调动学生学习的积极性和创造性。

2. 将语言对比作为翻译的基础

翻译教学首先应该从语言对比入手。对于中国的英语学习者来说，一旦脱离了说英语的环境，我们总会本能地说汉语，特别体现在初学者身上。但是，如果我们积累了一定数量的词汇，就会很乐于说英语，在此过程中就会对英汉语言进行对比，如不会翻译某些短语，就会用汉语思维进行翻译。

对英汉语言进行对比会出现两种结果：一是同中有异，二是各有不同。英汉语言的不同之处体现在很多方面，如词序的不同、信息中心位置的不同、连接方式的不同等；英汉语言也有很多相同之处，如均有介词，其用法有时也相同。需要指出的是，汉语介词多数是从动词演化而来的，甚至一些词到如今还无法确定它是属于动词还是属于介词。而英语中的动词和介词截然不同。基于此，英语介词在汉语中一般要用动词来翻译。例如：

to go by train 坐火车去。

a girl in red 穿红衣服的女孩。

可见，英汉语言的差异并非是绝对的。

3. 将翻译技巧作为翻译的主干

译者要进行翻译需要采用一定的翻译技巧,所以翻译教学应该将翻译技巧作为主干。目前,翻译课的内容主要来自前人总结的宝贵经验,这些经验主要涉及理解和表达两个方面,具体反映在翻译的方法与技巧上。比如,因为英汉词语的搭配方式不同,所以译者在翻译时应适时调整搭配或增减文字。例如:

In the evening, after the banquets, the concerts and the table tennis exhibitions, he would work on the drafting of the final communiqué.

晚上在参加宴会、出席音乐会、观看乒乓球表演之后,他还得起草最后公报。

4. 将综合分析作为翻译的重要手段

译者要翻译某个句子,通常可以采用多种方法。但是,在所有方法中,仅有一两个是最佳的,此时就要将综合分析作为翻译的重要手段。

所谓综合分析的翻译手段,是指从总体及其系统要素关系上,连点成线,集线成面,集面成体,并且对各个层面上进行动态或静态地分析观察,透过现象从本质上观察事物的本来面目。在表达过程中,同样涉及分析与综合两个方面,分析是手段,综合是目的。

在翻译教学中,教师要遵循以实践为主、以学生为主的原则。翻译教学具体涉及讲解、范文赏析、译文对比、练习和练习讲评五个环节。

(1)讲解。这一环节的主要任务是以英汉语言对比为基础分析译例,提示技巧,将学生对翻译的感性认识上升至理性认识上。

(2)范文赏析。教师应为学生选择一些语言优美且又平易的名人名译,既可以欣赏,又可以借鉴临摹。

(3)译文对比。教师应该为学生提供同一原文的两三种不同的译文,这样学生可以进行比较和仔细揣摩。需要指出的是,学生在比较时一方面要看译文的优劣,另一方面要看译德译风。译文对比要做到择优而从,见劣而弃。

(4)练习。练习活动是翻译教学的重要环节,具体涉及课前复习、课内提问及课后作业。

(5)练习讲评。练习讲评主要针对的是两种语言特点的对比和分析,从翻译思维中一些具体障碍着手,不会过分纠结细枝末节。

三、英语翻译技能教学的原则

(一)循序渐进原则

翻译能力的提高不可能一蹴而就,而是要经历一个过程。相应地,翻译教学也不能操之过急,应遵循由浅入深、循序渐进的规律,所选的语篇练习也应该是先易后难,逐步帮助学生提高翻译能力。从篇章的内容来看,应该是从学生最熟悉的开始;从题材来看,应该从学生最了解的入手;从原文语言本身来看,应该是从浅显一点的渐渐到难一些的。这样由浅入深,学生们对翻译会越来越有信心,兴趣也会逐渐增强,翻译技能也会相应得到提高。

(二)精讲多练原则

精讲多练原则主要包含两个层面:精讲和多练。翻译教学如果仅从传统教学方法入手,先教授后练习,那么是很难塑造好的翻译人才的。因此,在翻译教学中,教师应该不仅要教授,还需要练习,在课堂上将二者完美结合。

(三)实践性原则

翻译理论的教授很难培养出好的翻译人才,还需要进行翻译练习,这就是翻译的实践性原则。在翻译教学中,教师应该为学生创造更多的机会展开练习。例如,教师可以让学生去翻译公司实习,通过实际活动来进行体验。

四、高校英语翻译技能教学中混合式教学的实施

(一)制作个性化的翻译教学视频

在实施教学时,教师可以提前为学生制作视频,将教学内容进行模块化处理,每一个视频是围绕某一知识点展开的,如翻译理论、翻译技巧等。同时,在制作视频的时候,应该突出重难点,明确教学目标,为线上、线下教学做准备。此外,教师还需要考虑翻译教学的连贯性,为了实现整体的教学目标努力。

在课堂开始之前,教师制作视频,设置教学任务,并将其发布到网络平台上供学生阅读,教师通过让学生观看,对学生提出的问题加以汇总与解决。在课堂上,教师对视频中的技巧与理论加以梳理。组织学生进行协作学习,实现知识的真正内化。在课后,教师还可以组织学生撰写翻译笔记,从中了解学生是针对哪些问题存在疑惑的,进而对自己的教学方案加以调整。

(二)利用多媒体展开翻译课堂教学,增加英语习得

在翻译教学中,教师可以利用与教材配套的多媒体光盘辅助教学,不过,由于各个学校的多媒体设备资源配置不同,而且教材所配套的光盘往往在内容上缺乏系统性,所以教师需要酌情使用。对此,最好的方法就是教师可以根据教材内容自己动手制作课件,然后利用多媒体播放。多媒体课件的制作过程相对烦琐,需要依据具体的教学过程、教学内容、教学目标、教学媒体等,只有将这众多条件融合在一起,并体现互动性原则,方能制作出优良的多媒体课件。当然,这样的课件对于学生翻译能力的提升也是大有裨益的,可以促进不同层次的学生其自身的翻译能力都能得到不同程度的提升。

为此,在进行翻译教学活动之前,教师可以利用声音、图片、动画等教学辅助手段来刺激学生的学习兴趣,使学生在学习过程

中始终保持较好的兴趣,将枯燥的翻译理论变得生动、有趣。针对具体的教学过程,教师在其中不仅要教授学生英汉互译的技巧,而且还需要补充中西方文化背景知识,让学生对翻译理论形成一定的系统。虽然教师在翻译教学过程中所使用的教学模式相对陈旧,但在内容与形式上与传统的翻译教学已经大不相同。这种不同主要体现在如下方面。

(1)形式上不再是单调的板书形式,而是以媒体形式呈现,节约了大量时间。

(2)内容上是针对不同层次的学生展开的,在课堂上由教师指导和学生自主选择,这有利于改善课堂教学的氛围。

第七章 信息化背景下高校英语文化知识的混合式教学

在信息化背景下的混合式教学模式下,除了要教授基本知识与基本技能,还需要传授文化知识。通过利用线上的慕课教学、翻转课堂教学等,将文化知识尽可能地进行输入与输出,从而培养学生的文化价值观,使他们具备文化思辨能力。本章就具体分析信息化背景下高校英语文化知识的混合式教学。

第一节 文化及文化知识

一、文化

无论是历史上还是现代社会,人们所说的社会都是全球社会,每一种文化都是将宇宙万物囊括在内的体系,并且将宇宙万物纳入各自的文化版图之中。总体上说,文化涉及人与社会的关系、人的存在方式等层面。但是,其也包含一些具体的内容。下面就来具体论述什么是文化。

(一)文化的定义

对于普通人来说,文化可以比作水与鱼的关系,是一种平时都可以使用到、却不知道的客观存在。对于研究者来说,文化是一种容易被感知到、却不容易把握的概念。

第七章　信息化背景下高校英语文化知识的混合式教学

对于文化的定义，最早可以追溯到学者爱德华·泰勒（Edward Burnett Tylor，1871），他这样说道："文化或者文明，是从广泛的民族学意义来说的，可以归结为一个复合整体，其中包含艺术、知识、法律、习俗等，还包括一个社会成员所习得的一切习惯或能力。"之后，西方学者对文化的界定都是基于这一定义而来的。

1963年，人类学家艾尔弗雷德·克洛伊伯（Alfred Kroeber）对一些学者关于文化的定义进行总结与整理，提出了一个较为全面的定义。

（1）文化是由内隐与外显行为模式组成的。

（2）文化的核心是传统的概念与这些概念所带的价值。

（3）文化表现了人类群体的显著成就。

（4）文化体系不仅是行为的产物，还决定了进一步的行为。

这一定义确定了文化符号的传播手段，并着重强调文化不仅是人类行为的产物，还对人类行为的因素起着决定性作用。同时，其还明确了文化作为价值观的巨大意义，是对泰勒定义的延伸与拓展。

在文化领域下，本书作者认为文化的定义可以等同于2001年联合国教科文组织发表的《世界文化多样性宣言》中的定义：文化是某个社会、社会群体特有的，集物质、精神、情感等为一体的综合表现，其不仅涉及文学、艺术，还涉及生活准则、生活方式、传统、价值观等。

进入20世纪90年代之后，很多学者也对文化进行了界定，这里归结为两种：一种是社会结构层面上的文化，指一个社会中起着普遍、长期意义的行为模式与准则；一种是个体行为层面上的文化，指的是对个人习得产生影响的规则。

这些定义都表明了：文化不仅反映的是社会存在，其本身就是一种行为、价值观、社会方式等的解释与整合，是人与自然、社会、自身关系的呈现。

(二)文化的分类

1. 交际文化与知识文化

文化和交际总是被放到一起来讨论,文化在交际中有着无可替代的地位,并对交际的影响最大,因此有学者将文化分为交际文化和知识文化。

那些对跨文化交际直接起作用的文化信息就是交际文化,而那些对跨文化交际没有直接作用的文化就是知识文化,包括文化实物、艺术品、文物古迹等物质形式的文化。

学者们常常将关注点放在交际文化上,而对知识文化进行的研究较少。交际文化又分为外显交际文化和内隐交际文化。外显交际文化主要是关于衣、食、住、行的文化,是表现出来的;内隐交际文化是关于思维和价值观的文化,不易察觉。

2. 物质文化、制度文化与精神文化

三分法是将文化分为物质文化、制度文化和精神文化的分类方法。

人从出生开始就离不开物质的支撑,物质是满足人类基本生存需要的必需品。物质文化就是人类在社会实践中创造的有关文化的物质产品。物质文化是用来满足人类的生存需要的,只是为了让人类更好地在当前的环境中生存下去,是文化的基础部分。

人是高级动物,会在生存的环境中通过合作和竞争来建立一个社会组织,这也是人与动物有区别的一个地方。人类创建制度,归根到底还是为自己服务的,但同时也对自己有所约束。一个社会必然有着与社会性质相适应的制度,制度包含着各种规则、法律等,制度文化就是与此相关的文化。

人与动物的另一个本质区别就是人的思想性。人有大脑,会思考,有意识。精神文化就是有关意识的文化,是一种无形的东

西，构成了文化的精神内核。精神文化是人类在认识世界和改造世界的过程中挖掘出的一套思想理论，包括价值观、文学、哲学、道德、伦理、习俗、艺术、宗教信仰等，因此也称为观念文化。

(三)文化的特征

1. 主体性

文化是客体的主体化，是主体发挥创造性的外化表现。文化具有主体性的特征主要源于人的主体性。所谓人的主体性，即人作为活动主体、实践主体等的质的规定性。人通过与客体进行交互，才能将其主体性展现出来，从而产生一种自觉性。一般来说，文化的主体性特征主要表现为如下两点。

首先，文化主体不仅具有目的性，还具有工具性。如前所述，由于文化是主体发挥创造性的外化表现，因此其必然会体现文化主体的目的性，只有这样才能促进人的全面发展。另外，文化也是人能够全面发展的工具，如果不存在文化，那么就无法谈及人的全面发展，因此这体现了文化的工具性。

其次，文化主体不仅具有生产性，还具有消费性。人们之所以进行生产，主要是为消费服务的，而人类对文化进行生产与创造，也是为了更好地进行消费。在这一过程中，对文化进行创造属于手段，对文化进行消费属于目的。

2. 历史性

文化具有历史性的特征，这是因为其将人类社会生活与价值观的变化过程动态地反映出来。也就是说，文化随着社会进步不断演进，也在不断地扬弃，即对既有文化进行批判、继承与改造。对于某一历史时期来说，这些文化是积极的、先进的，但是随着时代的发展，这些文化又可能失去其积极性、先进性，被先进的文化取代。

例如，汉语中的"拱手"指男子相见时的一种尊重的礼节，该词产生于传统汉民族文化中。然而随着历史的发展,这一礼节已经不复存在,现代社会常见的礼节是鞠躬、握手等。因此,在当今社会,"拱手"一词已经丧失了之前的意义,而仅作为文学作品中传达某些情感的符号。

3. 实践性

实践是人类对文化进行创造的自觉性、能动性的活动,而文化是人类进行实践的内在图式。简单来说,文化具有实践性特征,具体可以表现为两点。首先,实践对文化起决定性作用。人类展开实践的手段与方式决定着文化的性质。在这些实践手段与方式中,物质生产方式居于基础地位。其次,文化对实践有促进作用。这是因为实践往往是在某些特定文化中展开的,如果没有文化背景的融入,那么实践就会非常困难。另外,文化对实践的展开有着巨大的指导意义,也正是由于文化的指导,实践才能取得成功。

4. 社会性

文化具有社会性特征,这主要表现在如下两点。

首先,从自然上来说,文化是人们创造性活动的结果,如贝壳、冰块等自然物品经过雕琢会变成饰品、冰雕等。

其次,从人类行为来说,文化起着重要的规范作用。一个人生长于什么样的环境,其言谈举止就会有什么样的表现。另外,人们可以在文化的轨道中对各种处世规则进行把握,因此可以说人不仅是社会中的人,也是文化中的人。

(四)文化的发展

1. 中国文化的发展

中国是历史悠久、文明开化最早的国家。中国文化与西方文化共同为人类文明进步做出了突出贡献。

第七章　信息化背景下高校英语文化知识的混合式教学

(1)秦汉到明代的文化

中华民族有着发达的农业和手工业,直到十六七世纪,中国文化依然走在世界前列。秦汉到明代中叶,文化发展的标志性事件主要有如下几点。

张骞出使西域。公元前139年,为了与匈奴部落进行抗衡,汉武帝采用正面进攻的策略。张骞出使西域就是这种战略之下的一个布局。在出使的13年里,张骞经历了战乱流离、扣留软禁、奴役劳作、情感诱惑等各种情况,了解了西域的政治、经济、地理、风俗等。这次出使虽然没有达到联合其他民族的目的,但是为中西文化交流打开了一个通道。自此,西域与汉朝的贸易、文化往来日趋活跃,汉朝的丝绸通过西域运往更远的地方,因此形成了著名的"丝绸之路"。

宋元时期四大发明的西传。宋元时期四大发明是借助阿拉伯人传入西方的。四大发明的西传直接导致了欧洲文艺复兴运动。以四大发明为代表的中国先进文化的西传,催生了西方资产阶级以及西方的近代化。

马可·波罗游记的诞生。中国元朝不断进行海外扩张,出于政治或宗教的目的,西方也不断派遣使节来华,并且一些欧洲商人也频繁来到中国经商。1275年,马可·波罗一家受罗马教廷委托,送信函给元朝皇帝忽必烈。这一送,倒是把他留在了中国,他在中国度过了17个年头。他到处游历,包括中国和其他国家,并撰写了震撼欧洲的《马可·波罗游记》一书。该书肯定了中国元朝发达的物质文明和精神文明,激起了欧洲探索中华民族的欲望。

郑和下西洋。明初,明成祖朱棣实行对外开放的政策,这时候海上贸易频繁。郑和就七次下西洋到过多个国家与地区,与其进行经贸往来,主要是输出中国先进的物质文化、制度文化和精神文化。

(2)明代中叶到晚清的文化

从明朝万历年间,以利玛窦为代表的传教士对西方文化在中国的传播做出了很大贡献,以徐光启为代表的中国知识分子对中国文化在西方的传播也做出了很大贡献,他们对中西文化的融汇都做出了有益的尝试。从明代中叶到晚清,传教士是中西文化交流的重要媒介之一,但是传教士所传来的"西学"也有自己的局限性,它只是中世纪封建教会的神学和经院哲学。

明朝国力下降,又实行长达百年的封闭政策。基于这样的形势,一些知识分子开始倡导"经世致用",即为西方打开中国大门奠定了基础。但是,尚未进行工业革命的西方,生产力还不够发达,对文明程度较高的中国贸然采取行动也无法轻易取胜,于是就派遣传教士深入中国,了解中国,试探中国,而不是一开始就武力相加。所以,传教士可谓是中西方文化和平交流的主要使者。

意大利人利玛窦是西方传教士中的成功典范。他从1597年开始常驻北京,他非常熟悉中国传统文化,制定了天主教儒学化和科学传教的方针。他为了融入中国社会,主动中国化,用知识和文化打动中国的士大夫,进而在这样一个古老而专制的社会里传播自己的信仰和文化。不同的文化在接触的过程中,必然产生冲突,区别在于冲突的严重程度如何。两种不同的历史文化在交流的过程中不可狂妄自大,而是要不断思考怎样才能融会贯通、消化吸收。在这次文化交流中,文化融合是主流,文化冲突是支流。

(3)近代中国文化

在鸦片战争时期,中国文化已经变得腐朽,而西方的现代因素已经发展得很成熟了。西方对中国的态度由爱慕变为侵略,清王朝的闭关锁国也无法真正阻止西方文化的入侵。当中国与外界隔绝的状态被暴力打破的时候,解体是之后必然会发生的事情。

中国经历了前所未有的历史大变局,这一祸根归因于中国人的心态与实际角色脱节一千多年而不自知,中国人不能意识到外来文化的挑战。

洋务运动。以林则徐为代表的先进人士首先提出向西方学

第七章　信息化背景下高校英语文化知识的混合式教学

习,发起了旨在自强自救的洋务运动。洋务运动的指导思想是用西方的科学来巩固封建制度。洋务运动经历了三十个年头,在军事工业、工矿业及交通运输等领域积极向西方学习,创立了中国近代海军。但是,洋务运动的局限性也是很明显的,即引进的基本只是物质文明。

辛亥革命。甲午中日战争的失败说明,洋务运动只引进物质文明,无法从根本上挽救民族危机。于是有了以康有为和梁启超为代表的维新变法运动,有了辛亥革命。虽然两者最终以失败告终,但是标志着中国有识之士对于西方文明的认识已经达到中间的制度层面。

五四新文化运动。第一次世界大战后,面对西方国家对于中国的不平等待遇,中国知识分子掀起了五四反帝爱国运动。中国开始了由旧文化向新文化的转型。新文化运动倡导民主和科学,标志着中国人对西方现代文明的理解已经达到了思想文化的深层结构。与此同时,马克思主义开始在中国广泛传播,它在本质上是中西文化交流的产物。在马克思主义与中国工人运动相结合的基础上,中国共产党诞生了,预示了中国文化必定独辟蹊径,走出一条不同凡响的道路。

通过以上简要回顾中国文化的发展变迁可以看出,文化作为上层建筑,自始至终受到经济基础的制约。近代之前,由于地理距离的遥远和科技、生产力的落后,世界各地之间的文化交流非常有限。上述活动都是在国家强大的经济实力保障下进行的。到了近代,科技、通信、经济的发展,促使了文化大规模的发展。

文化的交流是双向的,但时而平衡,时而不平衡。发展层次高的文化总是居于优势与主流,处于相对主动的地位,另一方则处于相对被动的地位。在两种文化的交锋中,弱势文化必然向强势文化靠拢,但这种靠拢要经历一个由浅入深、由表及里的过程。

任何文化交流在初始阶段,大抵都是非常浮面的接触,尔后进一步的发展却正是建立在这些初步尝试的基础之上的。文化的相遇和交流没有快捷的方式,需要耐心、虚心与灵活度。文化

(2)古罗马时期的文化

古罗马文化是古希腊文化的继承和发展。

15世纪的意大利,在书写上出现了"人文主义体",即大写体,另外还有一种草写体,后来分别衍生出用于印刷的楷体与手写的斜体这两种文体。

在哲学上,古罗马的流派众多,影响较大的有"新斯多噶学派"——斯多噶学派是由希腊人芝诺创立的,这一学派认为,人生追求的是美德而不是快乐,人需要始终和自然保持一种和谐关系,要抑制一切欲望,舍弃人生的乐趣,听从命运的安排,方能达到美德的境界。这个学派还提出了较系统的"自然法"理论,认为"自然法"是正义与理性的体现,是任何一个人及国家必须遵守的法则,由于文明人和野蛮人都具有自然法赋予的理性,因此人本来就是平等的,人们要消除对立和差别,所有人都能具有理性,成为一个社会共同体,这才是自然法要求的精神。社会应该是"世界国家",自然法应该是"世界法律"。显然,斯多噶学派不仅要求人们逆来顺受、安分守己,而且还要求消除所有的矛盾和对立,以实现世界国家的理想,这一理论反映了奴隶主贵族的愿望和要求。

罗马流行的新斯多噶哲学,继承了希腊学派的衣钵,坚持传统道德上的宿命论,要求人们完全听从于命运的安排,其代表人物塞涅卡认为,人不过是肉体的囚犯,要获得幸福,就要抛弃肉体的欲望,而人活着的一个重要使命,就是不断和自己的肉体作斗争。该学派另一代表人物爱比克泰德对命运问题作了进一步论证,他认为人们的尊卑贵贱都是与生俱来的,每个人都要具备"忍耐""克制"的信念,遵守社会秩序。斯多噶学派的理论被后来的基督教神学理论进行了吸纳。

罗马文化扬弃了希腊文化中消极的成分,在文化观念上,希腊王公贵族的挥霍无度、醉生梦死、骄奢淫逸、腐华奢靡等风气,在一定时期、一定程度上被罗马文化所否定。

(3)文艺复兴时期的文化

文艺复兴的核心是人文主义运动,欧洲社会经济的演变,是

第七章 信息化背景下高校英语文化知识的混合式教学

决定文艺复兴的形成和发展的重要因素。14世纪初,由于生产技术的进步和生产力的提高,资本主义因素开始发育;15世纪末随着地理大发现,世界市场的形成、资本主义的发展受到进一步刺激。但是,当时占统治地位的封建的生产关系却严重阻碍了资本主义前进的步伐,在这种情况下,资产阶级发起了这场反封建的思想文化运动就成为必然。

资本主义的萌芽形成了早期的资产阶级,他们拥有了经济权,进而也取得了政治上的权力,为了获取更多的利润,他们关心生产,改进技术,开辟新商道,扩大国内外市场。登上政治舞台后,这些人不同程度地参与了政治,从不同的角度,提出了反对宗教束缚,反对经院哲学的新主张。

人文主义的思潮伴随着资本主义萌芽的发育,首先出现在意大利北部的三个城市:威尼斯、热那亚、佛罗伦萨。这些城市已成为当时的工商业的中心。城市的发达,改变了人们的生活方式,使人们的价值观发生了很大的变化,人们开始主动追求财富、自由、民主,因此,城市的发展,一方面打破了封建的生产关系,另一方面新生资产阶级与此相应提出了新的生活欲望和新的生活要求。文艺复兴开始之际,意大利尚处在四分五裂中,城市之间的冲突、城市内部争权夺利的斗争、外敌的入侵、罗马教廷的干预,使整个城市动荡不安,城市居民企盼和平、希望安定就成为必然,封建军队的首领利用当时的形势和人们的情绪,在各个城市建立起了封建独裁政权以维持现有的社会秩序。这些专制君主上台后,纷纷招揽与重用那些熟悉古典文化、多才多艺的人文学者,让其充当政治顾问、文学侍讲、家庭教师、宫廷秘书,以至于外交官及修建教堂的总监等,客观上形成了尊重知识、尊重人才的风气,为人文主义的思想文化传播、创造提供了有利的条件与环境,有力地促进了文艺复兴的酝酿和发展。大学对文艺复兴运动的兴起起到了不可替代的作用。最初的学校是由教会控制,但随着资本主义的萌芽,为适应人们对知识和科学的渴求,大学教育发展较为迅速。到了14世纪,意大利已有18所大学,"大学是科学家的摇篮",文艺复兴时期的许多人文学者都受到大学教育,这时的大学设置了人文学科,传播世俗文化,以人和自然为研究对象,讲授学术、哲学、语言、文学等,促进了人文主义思想的形成和发展。

意大利有着深厚的文化底蕴,传统文化在推动意大利文艺复兴中也发挥了重要作用。丰富的文化典籍,图书院大量的藏书,使人文主义者在搜集研究古典文献中,找到了自由、平等、民主等思想理论依据,并以此来抵制封建等级制度和教会的蒙昧及禁欲主义,用古罗马的统一所营造的辉煌来针砭意大利的四分五裂。

最能代表法国文艺复兴精神的是小说家拉伯雷和散文家蒙田,拉伯雷是法国最著名也是欧洲最享有盛名的人文主义作家,他学识渊博,多才多艺,他的五卷本长篇巨著《巨人传》,通过巨人国王卡冈都亚和其子庞大固埃的神奇故事,以夸张手法歌颂人类的智慧和力量,揭露批判了教会及其经院哲学,讽刺了教士的无能,抨击了司法机关的贪污腐败,反映出人民不堪压迫,必然起来反抗的历史趋势。作品的现实主义讽刺艺术,对后世的文学创作产生了巨大的影响。

蒙田是法国文艺复兴时期的重要作家,他的《随笔录》是一篇散文作品,同时也是一部哲学和政治思想著作,该作品的问世标志着散文正式进入文学领域,作品充分表达了对个性、人性的尊重及对整个世界、整个人类的关注。他用怀疑的态度揭露抨击了人与生俱来的弱点和缺点,发掘了人性丑恶的一面,表达了人文主义者对自身人性的评价态度。

西班牙文艺复兴时期代表作家塞万提斯,其不朽名著《唐吉诃德》,表现了西班牙16世纪到17世纪社会政治、经济、道德、文化、风俗的各个方面,广泛反映了西班牙的社会生活,深刻揭露了封建贵族的骄奢淫逸,无情讽刺了骑士制度和骑士文学,对被压迫者的疾苦表现出深切同情,展示了作者的人文主义思想。

"文艺复兴"的文学,但丁开其端,莎士比亚总其大成。莎士比亚是欧洲文艺复兴时期最有成就的戏剧家和诗人,他一生共创作悲剧、喜剧、历史剧37部,还有两首长诗和154首14行诗。

他在作品中热情讴歌了人,称人是"宇宙的精华,万物的灵长",他的戏剧创作多取材古希腊、古罗马、意大利、英国古代的故事和传说,反映的都是英国的现实,他创造的哈姆雷特、奥赛罗、李尔王、夏洛克、罗密欧与朱丽叶等艺术形象,成为千古不朽的艺术典型,恩格斯称赞"莎士比亚创作的情节的生动性和丰富性的完美融合"。

(4)近代时期的文化

美国科学家迈克尔逊和莫雷在1887年进行了一次高灵敏度的光学试验,来检验牛顿的"以太"论。牛顿所描写的宇宙是物质的,物质由原子构成,由于"以太"的存在,物质的运动才成为万能,而"以太"是一种独特的透明载体,物质悬在其中,物质受到宇宙力量的推动,就在"以太"中运动。但试验结果,"以太"根本就不存在。这一论断,导致了爱因斯坦"相对论"的提出,"相对论"彻底否定了牛顿的理论。

爱因斯坦认为,物质和能不是相同的东西,而是处于不同状态下的两种形式,两者可以相互转化。能与物质的质量有关,一个小的物体,也可以释放出巨大的能量,只有运动是永恒的,物体的运动接近光的速度时,物体就缩小了。这表明,空间可以在运动中扩大或缩小,光本身也有质量,有质量就要受到重力的影响,因此遥远星球上的光线,通过太阳重力场时,必然偏斜,试验证明确系如此。

爱因斯坦的相对论彻底推翻了牛顿定律,它告诉世人,宇宙中没绝对的规律,宇宙是无限的。爱因斯坦的时空规律虽然对人文学科造成极大影响,但他依然没有指出人类社会的存在和人类思维的关系。

奥地利精神分析学家弗洛伊德创立了精神分析法,这又是一次伟大的革命,他的学说对传统道德造成了极大的冲击,鼓励人们向传统的世俗思想进行挑战,对公众的影响,远远超过爱因斯坦的相对论。

弗洛伊德学说集中在他的《释梦》《日常生活心理病学》等著

作中。19世纪以前的思想家和社会学家都把人看成具有理性的、有意识的,人们的思想和行为都受着外界力量的支配。弗洛伊德在看到人的理性一面的同时,也看到了人也是非理性的和具有潜意识的,潜意识是受到内部力量的驱使,人时刻面临着不断的挑战,社会需要人把本能的冲动转化为思想,变为社会能接受的"超我",当转变失败时,就会导致精神病,潜意识中最有动力的则是性冲动。这样弗洛伊德就揭示了人类心中潜意识的奥秘,这一发现对建立在理性基础上的资产阶级的政治、经济、社会伦理等观念,无疑是一个沉重打击,引发了20世纪人类思想的大解放。

二、文化知识教学

(一)文化知识教学的目的

在当前,英语文化教学的目标是提升学生的跨文化交际能力,具体来说,主要可以从如下三点来理解。

1. 帮助学生树立多元文化意识

了解世界文化的多样性,有助于人们建立多元性的观念。文化不同,其产生的背景也不同,因此彼此之间不能进行替代。在全球化视角下,不同文化群体之间的交流变得更为频繁,因此人们需要理解与尊重不同的文化,这样避免在交际中出现交际困难或者交际冲突。在英语文化教学中,教师应该让学生对不同文化逐渐了解与熟知,让他们不仅要了解自身的文化,还要了解他国的文化,这样才能建构他们多元化的意识。

2. 发展学生的批判性思维

在英语文化教学中,教师应该培养学生的批判性思维,让学生逐渐反思本国的文化,然后将那些有利的条件综合起来,对文化背后的现象进行假设,从而建构自己的文化观。

第七章 信息化背景下高校英语文化知识的混合式教学

3. 为学生创造学习异质文化的机会

当不同文化之间进行了解与接触的时候，难免会出现碰撞，并且很多人可能对这种碰撞感觉到不舒服、不适应。因此，在英语文化教学中，教师应该让学生了解这一点、规避这一点，提升自身的文化适应能力。

（二）文化知识教学的内容

语言是文化的一部分，因此英语文化教学中必然包含语言文化的教授，此外还存在一些非语言文化以及中西方文化差异，这些都是英语文化教学的重要组成部分。

1. 语言文化

要想能准确地进行跨文化交际，双方首先就需要弄清英汉语言文化的差异性，其主要表现在词汇、句子、语篇上。

（1）词汇层面

对于英汉语言来说，词汇是其组成的细胞，英汉两种语言中的词汇是非常丰富的。但是，这种丰富性也导致了英汉词汇在词义、搭配式等层面的差异性。

词汇意义：

其一，完全对应。在英汉两种语言中，有些词在词义上是完全对应的，一般这类词包含名词、术语、特定译名等。例如，paper 指代"纸"，steel 指代"钢"。

其二，部分对应。在英汉两种语言中，有些词呈部分对应，即有些英语词词义广泛，而汉语词词义狭窄，有些英语词词义狭窄，但汉语词词义广泛。例如，sister 既代表"姐姐"，又代表"妹妹"；red 既指代"红色"，又可以指代"紧急、愤怒、极端危险"。

其三，无对应。受英汉文化差异的影响，英汉语中有很多专门的词在对方语言中找不到对应词，就是所谓的"无对应"，也可以被称为"词汇空缺"。例如，chocolate 即"巧克力"，hot dog 即"热狗"。

其四,貌合神离对应。在英汉两种语言中,有些词表面看起来是对应的,其实不然,这种对应的词语可以称为"假朋友"。例如,grammar school 为"升大学的学生设立中学",而不是"语法学校";talk horse 为"吹牛",而不是"谈马"。

词汇搭配能力:

词汇的搭配研究的是词与词之间的横向组合关系,即所谓的"同现关系"。一般来说,搭配是约定俗成的,但是英汉搭配规律存在着明显的规律,不能混用。例如:

as plentiful as blackberries 多如牛毛

红茶 black tea

另外,很多词具有很强的搭配能力,如英语中的 to do 可以构成很多词组。to do the bed 意思是铺床,to do the window 意思是擦窗户,to do one's teeth 意思是刷牙,to do the dishes 意思是洗碗碟。通过上述 to do 组成的这些词语可以看出其搭配能力的广泛,可以用于"床""窗户""牙""碗碟"等,但是汉语中与之搭配的词语不同,用了"铺""擦""洗"等。

再如,汉语中的"看"也是如此。看电影即 see a film,看电视即 watch TV,看地图则为 study a map。

(2)句法层面

在英语中,句法起着十分重要的作用。了解中西方句法的不同特征,有助于更好地进行英汉互译。中西方句法的差异有很多,这里主要从语态、句子重心层面入手分析。

语态。中西方思维模式的不同也必然会影响着语态的选择。通过分析英汉语可知,英语善用被动语态,而汉语善用主动语言,英汉翻译中也呈现这一特点。语言是文化的载体,选择不同的语态代表着文化的不同。英语选用被动语态说明英语国家的人们对客观事物是非常看重的,而汉语选择主动语态说明中国人对做事主体的作用是非常看重的。

句子重心。在句子重心上,汉语句子重心在后,英语句子一般重心在前。也就是说,汉语句子一般把重要信息、主要部分置于句尾,而次要信息、次要部分置于句首。英语句子一般将重要信息、主要部分置于主句之中,位于句首。

(3)语篇层面

对于英汉两种语言来说,语篇即语言的运用,是更为广泛的社会实践。在中西语言中,语言是词汇、句子等组合成的语言整体,是实际的语言运用单位。人们在日常交谈中,运用的一系列段落都属于语篇。同时,语篇功能、语篇意义等都是根据一定的组织脉络予以确定的。中西方语篇在组织脉络上存在着明显的差异,这些差异影响着人们的谋篇布局。

逻辑连接:

其一,隐含性与显明性。所谓隐含性,是指汉语语篇的逻辑关系不需要用衔接词来标示,但是通过分析上下文可以推断与理解。相反,所谓显明性,是指英语中的逻辑关系是依靠连接词等衔接手段来衔接的,语篇中往往会出现 but,and 等衔接词,这可以被称为"语篇标记"。汉语属于意合语言,英语属于形合语言,前者注重意念上的衔接,因此具有高度的隐含性;后者注重形式上的接应,逻辑关系具有高度的显明性,例如:

跑得了和尚,跑不了庙。

The monk may run away, but never his temple.

上述例子中,汉语原句并未使用任何连接词,但是很容易理解,是明显的转折关系。但是,在翻译时,译者为了符合英语的形合特点,添加了 but 一词,这样更容易被英语读者理解。

其二,展开性与浓缩性。除了逻辑连接上的显明性,汉语中呈现展开性,即常使用短句,节节论述,这样便于将事情说清楚、说明白。英语在语义上具有浓缩性。显明性是连接词的表露,是一种语言活动形式的明示,但是浓缩性并未如此。英语具有独特的思维方式与语言特点,这也决定了表达方式的高度浓缩性,习惯将众多信息依靠多种手段来思考,如果将其按部就班地转化成中文,那么必然是不合理的。例如:

She said, with perfect truth, that "it must be delightful to have a brother," and easily got the pity of tender—hearted Amelia,for being alone in the world,an orphan without friends or kindred.

她说道,"有个哥哥该多好啊,"这话说得入情入理。她没爹没娘,又没有亲友,真是孤苦伶仃。软心肠的阿米莉亚听了,立刻觉得她很可怜。

上例中,with perfect truth 充当状语,翻译时,译者在逻辑关系上添加了"增强"的逻辑关系。英语介词与汉语介词不同,是相对活跃的词类,因此用 with 可以使感情更为强烈,在衔接上也更为紧密。相比之下,汉语则按照语句的次序进行平铺,这样才能让汉语读者理解和明白。

其三,迂回性表述与直线性表述。英汉逻辑关系的差异还体现在表述的直线性与迂回性上。汉语侧重铺垫,先描述一系列背景与相关信息,最后总结陈述要点。英语侧重开门见山,将话语的重点置于开头,然后再逐层介绍。例如:

Electricity would be of very little service if we were obliged to depend on the momentary flow.

在我们需要依靠瞬时电流时,电就没有多大用处。

上例中的逻辑语义是一致的,都是"增强",但是在表述顺序上则相反。英语原句为主从复合句,重点信息在前,次要信息在后,在翻译成汉语后,则次要信息优先介绍,而后引出重点信息,这样更符合汉语的表达。

表达方式:

其一,主题与主语。汉语属于主题显著语言,其凸显主题,结构上往往包含两个部分:一部分为话题,一部分为对话题的说明,不存在主语与谓语之间的一致性关系。英语属于主语显著的语言,其凸显主语,除了省略句,其他句子都有主语,并且主语与谓语呈现一致性关系。对于这种一致关系,英语中往往采用特定的语法手段。例如:

The strong walls of the castle served as a good defense against the attackers.

那座城墙很坚固,在敌人的进攻中起到了很好的防御效果。

显然,英语原句有明确的主语,即 The strong walls of the castle,其与后面的谓语成分呈现一致关系。相比之下,翻译成汉语后,结构上也符合汉语的表达,前半句为话题,后半句对前半句进行说明。

其二,客观性与主观性。中国人注重主观性思维,因此汉语侧重人称,习惯采用有生命的事物或者人物作为主语,并以主观的口气来呈现。西方人注重客观性思维,因此英语侧重物称,往往采用将没有生命的事物或者不能主动发出动作的事物作为主语,并以客观的口气加以呈现。受这一差异的影响,汉语往往以主体作为根本,不在形式上有所拘泥,句子的语态也是隐含式的,而英语中的主被动呈现明显的界限,经常使用被动语态。例如:

These six kitchens are all needed when the plane is full of passengers.

这六个厨房在飞机载满乘客时都用得到。

显然,英语句子为被动式,而汉语句子呈现隐含式。

2. 非语言文化

对于非语言文化,一般来说主要包含如下几类。

(1)体态语

体态语又可以称为"身体语言",其由美国著名的心理学家伯得惠斯特尔(Birdwhistell)提出。在伯得惠斯特尔看来,他认为身体各部分的器官运动、自身的动作都可以将感情态度传达出去,这些身体机能所传达的意义往往是语言不能传达的。体态语包含身势、姿势等基本姿态,微笑、握手等基本礼节动作,眼神、面部动作等人体部分动作。

所谓体态语,即传递交际信息的动作与表情。也可以理解为,除了正式的身体语言之外,人体任何一个部位都能传达情感的一种表现。由于人体可以做出很多复杂的动作与姿势,因此体态语的分类是非常复杂的。

体态语包括眼睛动作、面部笑容、手势、腿部姿势、身体姿势等。

眼睛动作。眼睛是人类重要的器官,其是表情达意的重要组成部分,如愤怒时往往"横眉立目",恋爱时往往"含情脉脉"等。在不同的情况下,眼睛也反映出一个人不同的心态。当一个人眼神闪烁时,他往往是犹豫不决的;当一个人白别人一眼时,他往往是非常反感的;当一个人瞪着他人时,他往往是非常愤怒的等。

之所以眼睛会有这么多的功能,主要是因为瞳孔的存在。一些学者认为,瞳孔放大与收缩,不仅与光感有关,还与个体的心理活动有着密切的关系。当人们看到喜欢的东西或者感兴趣的事物时,他们的瞳孔一般会放大;当人们看到讨厌的东西或者不感兴趣的事物时,他们的瞳孔一般会缩小。瞳孔的改变会无意识地将人的心理变化反映出来,因此眼睛是人类思维的投影仪。

既然眼睛有这么大的功能,学会读懂眼语是非常重要的,同时要注意不要读错。例如,到他人家做客,最好不要左顾右盼,这样会让人觉得心不在焉,甚至心术不正。

需要指出的是,受民族与文化的影响,人们用眼睛来表达意思的习惯并不完全一样,这会在后面做详细论述,这里就不再多加赘述。

面部笑容。笑在人的一生中非常重要。当人不小心撞到他人时,笑一笑会表达一种歉意;当向他人表达祝贺时,笑一笑更显得真挚;当与他人第一次见面时,笑一笑会缩短彼此的距离。可见,笑是人类表情达意不可或缺的语言之一。

笑可以划分为多种,有大笑、狂笑、微笑、冷笑,也有轻蔑的笑、自嘲的笑、高兴的笑、阴险的笑等。当然,笑也分真假,真笑的表现一般有两点:一种是嘴唇迅速咧开,一种是在笑的间隔中会闭一下眼睛。当然,如果笑的时间过长,嘴巴开得缓慢,或者眼睛闭的时间较长,会让人觉得这样的笑容缺乏诚意,显得非常虚假和做作。当然,笑也有一些"信号"。

其一,突然中止的笑。如果笑容突然中止,往往有着警告和

第七章　信息化背景下高校英语文化知识的混合式教学

拒绝的意思。这种笑会让人觉得不安,会希望对方尽快结束话题。但是,如果一个人刚开始有笑意,之后突然板着脸,这说明他比较有心机,是那种难缠的人。

其二,爽朗的笑。这是一种真诚的笑,给人一种好心情的笑,一般会露出牙齿、发出声音,这种笑会让对方觉得你是一个很好相处的人,很容易信任与亲近你。

其三,见面开口笑。这种笑是人们日常常见的,指脸上挂着微笑,具有微笑的色彩,这种微笑具有礼节性,可以使人感到和蔼可亲。无论是见到长辈、小辈,还是上级、下属,这种笑都是最为恰当的笑。但需要指出的一点是,在笑的过程中要更为谨慎,不是一见面就哈哈大笑,这会让人感觉莫名其妙,它是一种谨慎的、收敛的笑。

其四,掩嘴而笑。这种笑是指用手帕、手等遮住嘴的笑。这种笑常见于女性,显得较为优雅,能够将女性的魅力彰显出来。

另外,由于文化背景的差异,不同国家的人对笑的礼仪也存在差异。在大多数国家,笑代表一种友好,但是在沙特阿拉伯的某一少数民族,笑是一种不友好的表现,甚至是侮辱的表现,往往会受到惩罚。

手势。手是人体的重要部分,在表达情意时的作用非凡。大约在人类创造了有声语言时,手势也就诞生了。手是人们传递情感的行之有效的工具之一。一般情况下,手势可以传达的意思有很多,高兴的时候可以手舞足蹈,紧张的时候可能手忙脚乱等。当一个人挥动手臂时,往往是表达告别之意,当一个人挥动拳头时,往往是表达威胁之意。而握手这样一个日常生活中普遍的动作,也能够将一个人的个性表达出来。第一种类型是大力士型,其在与他人握手时是非常用力的,这类人往往愿意用体力来标榜自己,性格比较鲁莽。第二种类型是保守型,这类人在与他人握手时往往手臂伸的不长,这类人性格较为保守,遇到事情时往往容易犹豫。第三种类型是懒散型,这类人与他人握手时,一般指头软弱无力,这类人的性格比较悲观懒散。第四种类型是敷衍型,这类人与他人握手是为了例行公事,仅仅将手指头伸给对方,给人一种不可信赖的感觉,这类人做事往往比较草率。还有一种是标准的握手方式,即与他人握手时应该把握好力度,自然坦诚,不流露出任何矫揉造作之嫌。

腿部姿势。在舞会、晚会、客厅等场合,人们往往会有抖腿、别腿等腿部动作,这些动作虽然没有意义,但是他们在传达某种信息。因此,腿在人们的表情达意过程中有着非常重要的作用。对腿的动作的了解是人们了解他人内心的一种有效途径。当你坐着等待他人到来时,往往腿部会不自觉地抖动,以表达紧张和焦虑之情。当心中想拒绝别人或者心中存在不安情绪时,往往会交叉双腿。

(2)副语言

一般来说,副语言又可以称为"伴随语言""类语言",其最初是由语言学家特拉格(Trager)提出的。在对文化与交际进行研究的过程中,他搜集整理了一大批心理学与语言学的素材,并进行了归纳与综合,提出了一些适用于不同情境的语音修饰成分。在特拉格看来,这些修饰成分可以自成系统,是伴随着正常交际的语言,因此被称为副语言。具体来说,其包含如下几点要素。

音型(voice set),指的是发话人的语音物理特征与生理特征,这些特征使人们可以识别发话人的年龄、语气等。

音质(voice quality),指的是发话人声音的背景特点,包含音域、音速、节奏等。例如,如果一个人说话吞吞吐吐,没有任何的音调改变,他说他喜欢某件东西其实意味着他并不喜欢。

发声(vocalization),其包含哭声、笑声、伴随音、叹息声等。

上述三类是副语言的最初内涵,之后又产生了停顿、沉默与话轮转换等内容。

(3)客体语

所谓客体语,是指与人体相关的服装、相貌、气味等,这些东西在人际交往中也有着非常重要的作用。从交际角度而言,这些层面都可以表达非言语信息,都可以将一个人的特征或者文化特征彰显出来,因此非言语交际是一种非常重要的沟通手段。

相貌。无论是西方文化还是中国文化,人们对于自己的相貌都非常看重。但是在各国文化中,相貌评判的标准也存在差异,有共性,也有个性。例如,汤加认为肥胖的人更美,缅甸人认为妇女脖子长更美,美国人认为苗条的女子更美,日本人认为娇小的人更美等。

饰品。人们身上佩戴的饰品本身并没有什么意义,但是出现在不同的场合,就是一种媒介和象征。例如,戒指戴在食指上代表单身,戴在中指上代表恋爱中,戴在无名指上代表已婚。这些作为一种约定俗成的代码,人们不可以弄错。

一般来说,佩戴耳环是妇女在交际场合的一种习惯。当然,少数的青年人也会佩戴耳环,以彰显时尚。佩戴一只耳环表示有大丈夫的气息,但是佩戴两只耳环表明他是一个同性恋者。

3. 中西文化差异

(1)"天人二分"与"天人合一"

在西方国家,人们大多认为世界是客观的,是与人对立的一个存在,即"主客二分",人作为社会的主体,想要认识和了解世界,就需要站在对立面上对自然界进行认真的观察、分析、研究,如此才能从根本上了解和认识大自然,领悟大自然之美。

也就是说,西方人的文化审美强调对大自然进行模仿,认为文化就是对大自然的一种模仿。希腊是西方古代文化的发源地之一,这一地区最突出的文化艺术形式就是雕塑,其在很大程度上表现出西方人的审美观念与标准。除了雕刻,西方人还十分喜欢叙事诗,二者作为艺术领域的典型代表,都反映了西方社会主客二分的审美标准,是一种写实风格的体现。西方人认为,人对大自然的审美一般包括两种心理过程:畏惧、征服,因此人们对审美判断的最终结果往往也局限于这两种心理过程中。

众所周知,"天人合一"精神是中国传统文化的精髓,延续了数千年,在这一精神思想的影响下,人们在审美观念上主要体现为与大自然相融,人与大自然是一体的。

在中国古代历史上,很多哲学家、思想家都提倡"天人合一"的思想观念,他们认为艺术的表现同样应该体现出人与自然的天性,顺其自然,不可人为强制。

儒家所提倡的美学观点是美学自身不仅需要具有合理性的特征,还需要合乎伦理,与社会习俗观念相一致,实现"真""善""美"的统一。此外,中国古代历史上所形成的审美理论还重视体物感兴,即强调主体的内心与外在事物相接触。

(2)个人主义与集体主义

西方绝大多数哲学倾向和流派都强调"主客二分",把主体与客体对立起来。所以,西方人从一开始就用各种方法征服自然,强调个人奋斗的价值,对于个性、自由非常推崇,注重自我实现。但需要指出的是,个人主义并不意味着个人利益比任何利益都高,而是需要在法定的范围内,因此个人主义也是一种健康的、积极的价值观。不得不说,个人主义有助于个人的创新与进取,但是如果对个人主义过分强调,可能也会影响整个社会的亲和力。他们以批判的眼光看待已有的知识,从而不断获取新的知识。西方人的独立精神以及对个人存在价值的尊重,使得西方人逐渐形成了求异忌同、标新立异的开拓精神。因此,西方文化在继承、批判的呼声中不断推陈出新,从而保持旺盛的生命力。

中国人从日月交替等现象产生了"万物一体""天人合一"的意识。这种意识也体现在人与人之间的关系上,因此中国人群体意识强,强调集体价值高于个人利益,追求社会的和平统一。当遇到个人利益与集体利益发生冲突时,人们往往被要求与集体利益保持一致性。虽然这种情况在当代社会有所改变,但是中国人仍旧饱含着强烈的集体归属感。同时,中国人以谦逊为美,追求随遇而安、知足常乐,而争强好胜、好出风头是不被看好的。

(3)追求变化与追求稳定

西方人追求变化,认为"无物不变",尤其对于美国这样一个多元移民的国家,人们为了满足基本的生存需要以及对物质的迫

第七章　信息化背景下高校英语文化知识的混合式教学

切需求,一直在求变、求创新。如果不进行创新,那么就不能满足他们已经取得的成就,也无法追求更美好的生活。因此,美国人往往不会受传统的限制,也不会受教育、家庭、个人能力等条件的限制,而是不停地在变换中探求个人的最大潜力,从而实现个人价值的最大化。在这种社会意义上的"频繁移动"的推动下,财富、机会等的流动越来越频繁,从而逐渐形成一个不断创新、标新立异的社会文化氛围。从小的方面说,服饰、家具装潢等都在不断创新,从大的方面说,政策、科技等也在不断更替,这些都明显体现了西方人求变的心态。

受儒家思想的影响,中国文化历来强调求稳求安,渴望祥和安宁。中国人习惯乐天知命,即习惯生活在祥和的环境中,知足常乐、相安无事,稍微发生变动,中国人往往会有杞人忧天、无所适从之感。同时,受农耕文明的影响,人们的价值观往往被禁锢在土地上,他们认为只有安居,才能乐业,如果背井离乡,那么就会像游子一样,漂泊无依。现如今,人们对于安居的理念也是根深蒂固的,认为即使蜗居在一个特别小的房子,那也会让自己有满足感。

(4)避免冲突与直面冲突

在处理谈判关系时,西方人侧重将矛盾公开,然后投入大量时间、人力等对这些矛盾问题进行处理,从而实现预期的结果。在西方人眼中,谈判双方只有明白说出问题,然后彼此才能将问题具体化,考虑自身利益的情况下对问题进行解决。西方人对于数据、事实是非常看重的,不会回避冲突,而是直面冲突,公开阐述自己不同的意见。当然,西方人在处理问题上也不会过于呆板,有时候会妥协,目的是尽快将协议达成。

在中国人眼中,人际关系非常重要,因此他们在谈判中往往会尽量避免冲突,认为这些冲突可以运用其他方式解决,如合作、妥协、和解等。

如果在交际中发生冲突,中国人往往强调双方合作的益处,以抵消彼此的冲突以及冲突对彼此造成的不快。例如,在处理冲突时,中国人为了避免冲突,往往在争议问题的基础上提出自己新的见解,或者提出一些折中的方案,避免这些争议问题升级,显然这表现出较高的灵活性,从而使谈判双方保持良好的交际关系。中国人之所以对这种交际关系进行维持,主要是由于如下两点原因:一是在中国人眼中,即便双方发生冲突,只要彼此的关系存在,对方就有义务考虑另一方的需要;二是只要彼此的关系存在,即便暂时未达成协议,也能够为将来达成协议做准备。

(5)求真与求善

"天人二分"的西方哲学观必然引出西方文化对真理的追求。认识自然的目的在于探求真理,以便指导自己去改变自然、征服自然。无论是古希腊哲人赫拉克利特、柏拉图,还是亚里士多德,都主张认识的根本目标在于发现真理,智慧就在于认识真理,并把能认识真理视为人的最高追求。人们眼中的中世纪代表着愚昧、荒诞,虽然如此,那时候的人们仍然大肆宣扬着对真理的追求。圣·奥古斯丁就认为,在真理面前,心灵和理性都要让步,人人都想要获得幸福,但是途径只有一条,那就是获得真理,并且认识了真理便认识了永恒。在中世纪,神学利用各种方法证明上帝的存在,这在一定意义上都是为了求得神学真理。但是,要发现真理还需要运用科学的手段,因此培根创造出了通过实验与理性来发现真理的科学方法。同样,笛卡尔也强调,追求真理要运用正确的方法,至于什么是正确的方法,还要深入研究。对于真、善、美的向往,是人类的共有特性。但是,西方文化是先求真,再求善,真优于善。例如,古希腊早期哲学只涉及真,而未涉及善。后来,道德问题在哲学中地位有所提高,但仍然是存在于真理的基础上。一直到近代,西方文化一直遵从这种真高于善、善基于真的格局,由此我们可以说西方文化为认识文化。

从一定意义上说,中国文化是一种伦理文化,因为在中国古代文化中,认识、求真往往与伦理、求善结合在一起,并且前者附属于后者。儒学的经典之作《论语》,就是以伦理为核心的,然后延伸到政治等方面。孔子甚至将"中庸"看成美德之至。孟子也

第七章　信息化背景下高校英语文化知识的混合式教学

是在其"性善"说基础上建立其"仁政"和"良知、良能"学说的。孟子认为,认识的先天能力(良知、良能)源于性善。"诚"的中心内容是善;"思诚"的中心内容是"明乎善"。唯有思诚、尽性,才能解除对良知、良能的遮蔽,获取充分的知识和智慧。显然,善高于真而衍生真。宋明理学作为儒学的新阶段,已吸收综合了道、佛的某些重要思想,但其基本构架仍是伦理思想统驭认识论,如"格物致知"的认识论就在伦理学的控制范围之内。理学的认识论完全被伦理学兼并了。

在中国古代,社会的价值观表现为文化政治化、道德化,过多地在乎社会秩序和人际关系的礼仪,并认为这是"正道"。当时的人生理想被宣扬为读经书、考科举,进入仕途,因此许多知识分子争先恐后地追求仕宦前程,都在研究怎么度过人生、怎么安邦治国,而对与此没有直接关联的学问非常漠视。这种趋势在汉代以后就表现得更加明显,重义轻利,重人伦轻自然,重政治轻技术,甚至儒家思想还将理性思辨和科学分析置于日常生活、伦常感情和政治观念中,使科学理论伦理化、政治化。而道家的文化是一种朴素的文化,他们推崇原始的、蛮荒的世界,普遍蔑视科学技术。这种情况在封建社会的后期变得更加严重,十分不利于科学技术的发展。人们普遍打着"万般皆下品,唯有读书高"的响亮口号,需要注意的是,他们读的书不是科技类的,而是圣贤的"经书"。人们都想通过宦官仕途而成为人上人,劳动者因为没有文化而不能把技术抽象为科学,而有文化的知识分子实际上就是封建官僚的后备军,又不屑于具体的科技。这就造成了"主流学问"与实用知识的脱节以及劳动实践与知识创造的割裂,所有这些实际上已经成为科技进步道路上的一个巨大的绊脚石。

(6)讲面子与实话实说

西方人对于个人自由非常注重,虽然有时候也会注重面子,但是只是认为丢面子比较尴尬而已,不会感到羞耻。面对自己的错误,西方人更多地表现为自责,这可以从他们的行为中看出来。

对于西方人而言,说实话、课堂提问、直接拒绝朋友、挑战权威等都是简单的事情,并不会对集体造成影响。并且,西方人非常讨厌人云亦云的人,只有那些勇敢说出自己的想法的人才会被尊重和肯定。另外,西方人也比较直接,愿意将问题摆在台面上,这样才能尽快达成共识。

中国人认为面子代表的是自己的尊严、自己的荣誉,因此中国人对于面子非常看重,也对他人的面子予以尊重。简单来说,就是中国人不允许自己丢脸,也不会让他人丢脸。在中国,失掉面子是非常糟糕的,因此不能当众辱骂他人或在公共场合大吼大叫,这些都会让人陷入尴尬和丢脸。因此,为了在保证面子的情况下将意见进行有效传达,就必须要压制住自己的情绪,将所有的批评放在私下来说,尽量不当面给出批评,否则会收到不好的结果。另外,中国人不会明确将自己的意愿表达出来,尤其是对他人及他人所做的事儿的否定,而往往会选择委婉的形式,希望对方能够从中了解具体的意思,这样不仅可以对自己的面子进行保留,还能够保持彼此的交情,从而实现交际。

(7)询问私事与回避私事

相比之下,在西方社会中,尤其以美国为典型地说明,人们的一切行为都以个人作为中心,个人的利益不可侵犯,这是典型的个人本位主义。受这一思想的影响,美国十分重视个人的隐私,这体现在社会生活的各个方面,如人们在进行交谈时,一般会避开个人隐私话题,因为这对于他们是禁忌,包含年龄、收入等都属于隐私问题。在西方文化观念中,看到他人出门或者归来,从来不会问及去哪里或者从哪里回来;在看到他人买东西时,也不会问及东西的价格,因为这些问题都是对他人隐私的侵犯,即便你是长辈或者上司,也都不能询问。

从古至今,中国人喜欢聚居的生活,如"大杂居""四合院"等都是很好的表现,目的在于这样的居住有助于接触,但是也会干扰到个人的生活。同时,中国人骨子里就推崇团结友爱、相互关心,个人的事情就是一大家子的事情,甚至是集体的事情,因此人

第七章　信息化背景下高校英语文化知识的混合式教学

们习惯聚在一起去谈论自己或者他人的喜悦与不快,同时愿意去了解他人的喜悦与不快。在中国的文化习俗中,长辈或者上级询问晚辈或者下属的年龄、婚姻情况等,是出于关心的目的,而不是对他人隐私的窥探。通常,长辈与晚辈、上级与下属的关系比较亲密时才会问到这些问题,而且晚辈或者下属也不会觉得这是对个人隐私的侵犯,反而会觉得长辈或上级很亲切。

(8)曲线思维与直线思维

西方人的思维呈现直线式,在表达思想时往往直截了当,在一开始就点明主题,然后再依次叙述具体情节和背景。这种思维方式对语言也产生着重要的影响,即英语为前重心语言,在句子开头说明话语的主要信息,或者将重要信息和新信息放在句子前面,头短尾长。例如,"It is dangerous to drive through this area."该句子以 it is dangerous 开始,点明主题,突出了终点。

中国人的思维方式呈现曲线式,在表达思想和观点时常迂回前进,将做出的判断或者推论以总结的形式放在句子最末尾。这种思维方式在语言中的反映是,汉语先细节后结果,由假设到推论,由事实到结论,基本遵循"先旧后新,先轻后重"的原则。例如,同样是"It is dangerous to drive through this area."这句话,汉语表达则是"驾车经过这一地区,真是太危险了。"从该例既能感受到中国的曲线思维,又能了解中西思维的差异。

(9)分析性思维与整体性思维

西方倾向分析性思维,对事物进行分析时,既包括原因和结果分析,又包括对事物之间关系的分析。17 世纪以后,西方分析事物的角度主要是因果关系。恩格斯特别强调了认识自然界的条件和前提,他认为只有把自然界进行结构的分解,使其更加细化,然后对各种各样的解剖形态进行研究,才能深刻地认识自然界。西方人的分析性思维就从这里开始萌芽,这种思维方式将世界上的人与自然、主体与客体、精神与物质、思维与存在等事物放在相反的位置,以彰显二者之间的差异。

这种分析性思维包含两个层面,一是分开探析的思维,既把一个整体的事物分解为各个不同的要素,使这些要素相互独立,然后对各个不同的独立的要素进行本质属性的探索,从而为解释整体事物及各个要素之间的因果关系提供依据。二是以完整而非孤立、变化而非静止、相对而非绝对的辩证观点去分析复杂的世界。马克思主义哲学大力提倡这种思维层次。

在最早的生成阶段,宇宙呈现出阴阳混而为一、天地未分的混沌状态,即太极。太极动而生阳,静而生阴,在动静交替中产生出阴、阳来。阴阳相互对立、相互转化。事物总是在阴阳交替变化的过程之中求得生存、发展。从哲学的角度来看,阴和阳之间的关系是从对立走向对立统一的。这就体现了中国传统哲学的整体性特点,它不注重对事物的分类,而是更加重视整体之间的联系。我国儒家和道家也认为人与自然、个体与社会就是一个大的整体,二者是不能被强行分开的,必须相互协调地发展。儒家所大力提倡的中庸思想就发源于阴阳互依互根的整体思维。

基于整体性思想,中国人总是习惯于首先从大的宏观角度初步了解、判断事物,而不习惯于从微观角度来把握事物的属性,因而得出的结论既不确定又无法验证。由此中国人逐渐养成了对任何事物不下极端结论的态度,只是采取非常折中、含糊不清的表达方式,在表述意见时较少使用直接外显的逻辑关系表征词。总而言之,中国人善于发现事物的对立,并从对立中把握统一,从统一中把握对立,求得整体的动态平衡。

(10)创新思维与保守思维

西方人的创新思维较强,并且也具有鲜明的批判性,因此西方哲学在各个时期都有不同的理论体系,前仆后继。西方思维方式趋于多元化,注重多方向、多层次、多方法地寻求新的问题解决方案,重视追根穷源,具有发散性、开放性。西方人勇于打破常规。对西方人来讲,有变化,才有进步,才有未来,他们三者之间有着直接的关联。没有变化、进步,就没有未来。翻开西方历史,显而易见的是标新立异的成功。正是这种创新的价值取向,使西方人永远生活在生机勃勃的氛围中。

中国封建社会的一体化政治结构,决定了中国传统文化长期以来遵守"大一统"思想,要求个人和社会的信仰一致。这种"大一统"思想又通过儒家的"三纲五常""礼乐教化"来得到巩固。儒家倡导中庸之道,反对走极端,避免与众不同,主张适可而止。中国封建社会希望社会中所有的人,上至国君,下至百姓,都形成同样的价值取向和行为模式。在这种"大一统"文化的熏陶之下,中国人的思维方式相当保守,极端排斥异己,因而也具有很强的封闭性,缺乏怀疑、批判、开拓和创新的精神。但是,正是因为这种保守思想,中华文化才得以保存、延续和发展。

(11)逆向思维与顺向思维

不同民族的人们在观察事物或解决问题时,会采用不同的视角和思维方式。西方人习惯采用逆向思维,通常从反面描述来实现预期效果。这种思维在语言上有着充分的体现,如在说"油漆未干"时,英语表达是 wet paint,在说"少儿不宜"时,英语表达是 adult only。

相较于西方,中国人更倾向于顺向思维,就是按照字面陈述其思想内容。这在语言中的体现十分明显,如"成功者敢于独立思考,敢于运用自己的知识"这句话就是按顺序表达,而且其意思可以按照字面意思理解。而这句话英语表达时则是"Winners are not afraid to do their own thinking and to use their own knowledge."由此可以看出中西方思维方式的差异。

(三)文化知识教学的模式

随着英语教学不断开展,教师对于英语的文化内涵开始给予关注,并且知道在英语教学中培养学生的文化交际素质是非常重要的。在文化教学中,教师应采用恰当的教学模式,只有这样才能实现教学目的。一般来说,文化教学的模式主要有如下几种。

1."交际—结构—跨文化"模式

文化教学的常见模式就是"交际—结构—跨文化"模式,这一模式与中国人的英语教学习惯相符合。在英语教学中，中国的大多数学生都是以汉语思维展开的。这种认知与思维方式与英语学习的规律不相符。心理学家指出，事物之间的差异越大，那么就越能对人类的记忆进行刺激。"交际—结构—跨文化"模式能够从英语学习的全过程出发，展开认知层面的刺激。在教学的各个阶段，都对学生的目的语思维模式产生影响。

（1）交际体验

交际体验即让学生掌握一定的交际能力，通过运用英语展开交际。交际能力是人们为了对环境进行平衡而实施的一种自我调节机制。通过这种交际体验，能够不断提升学生的交际能力。在交际过程中，交际双方需要建立在一定的语言交际环境的基础上，不断熟悉和了解交际双方的背景知识，从而将交际双方的交际技能发挥出来。我国的英语教学需要为学生营造能够进行交际体验的环境，这样才能形成一种双向的互动与交际模式。

（2）结构学习

结构学习将语言技巧作为目标，将语言结构作为教学的中心与重点内容，从而利用英语展开教学。语言具有系统性，语言教与学中应该对这种系统性予以利用，找到教与学中的规律，实施结构性学习方式。结构学习要对如下几点予以关注。

第一，对学生的英语结构运用能力进行培养。

第二，对学生的词汇选择与创造力进行培养。

第三，对学生组词成句、组句成篇能力进行培养。

第四，对学生在不同语境下的交际能力进行培养。

（3）跨文化意识

跨文化意识是将对文化知识的了解与熟知作为目标，对文化习俗非常重视，因为利用英语为学生讲解文化习俗方面的知识。要想具备英语文化知识，学生不仅要对英语国家的历史与文化活动有所了解，还需要对相关文学作品进行研读，同时还要了解相关国家的风俗与习惯，从而形成对西方文化学习的热情与兴趣。久而久之，英语教学就成为一种对文化的探索教学，从而激发学生的学习兴趣,提升学生的学习效果。

这一模式要求在整个教学中需要对中西方文化进行对比,从而培养学生的跨文化意识。

2."文化因素互动"教学模式

由于文化教学中存在各种问题,很多专家从不同视角出发对其进行研究与探讨,但是结果还不够满意。所谓文化的双向传递,即在英语教学中,以中西方文化为中心来用文化促进语言学习,从而建构双方的文化知识,实现跨文化交际。

文化因素互动的目的在于克服因教学中单向输入文化导致的各项问题,尤其是丧失中国文化,而是实现中西方文化的双向输入,是一种系统的、流行的,具备文化精髓与底蕴的主动的输入。在英语教学中实施这一模式,有助于优化学生的文化知识结构,培养学生的文化意识与能力。

第二节　高校英语文化知识教学的原则

一、主体意识强化原则

基于全球化的浪潮,西方国家凭借自身的话语权,采用经济、文化等手段推行其生活方式或意识形态,对包括中国在内的其他文化产生了冲击,导致文化输入、输出出现了严重的失衡情况,也对其他民族的文化造成了严重的腐蚀。

对此,在实施文化教学中,教师必须引导学生对跨文化交际过程中的平等主体意识加以强化,减少学生对西方文化的盲从,增强学生对中国优秀传统文化的认知与了解,主动对中国传统的文化进行整理与挖掘,吸取文化中的精髓,将中国传统的优秀文化底蕴凸显出来,强调中国优秀传统文化在当今世界的价值。

在文化知识教学中,教师要引导学生遵循"和而不同"的原则,既要对其他文化有清晰的了解,又要保持自身文化的特点,让学生能够向世界展现中国优秀文化的精髓。

在文化教学中,教师要不断培养学生的自信的气度与广阔的胸怀,让学生学会在平等竞争中,与其他国家互通有无,以多种形式将中国的传统优秀文化传播出去,不仅对西方文化霸权主义的侵蚀加以抵制,还能确保中国文化在世界文化中的地位和格局,从而促进世界文化的多元发展。

二、内容系统化原则

文化的内容非常丰富,其所包含的因素至今还没有一个定论,因此在实施文化教学时,教师不能一股脑地将所有文化内容纳入自己所讲授的内容之中。因此,我国的教育主管部门应该组织文化领域的专家、学者,从价值性、客观性、多元性等多个层面出发,对中国优秀传统文化的教学内容体系进行确立,具体包含中国的基本国情文化、社会主义核心价值观、民族文化、节日文化、生活文化等。

三、策略有效性原则

在实施文化知识教学时,教师应该采取有效的策略。具体来说,可以从如下两项入手。

第一,教师要用宽容、平等的心态对中西方文化进行对比,通过对比来鉴别。这一策略就是将中国文化与其他文化进行比照,从而将中国文化与其他文化的异同揭示出来,避免将那些仅属于某一特定社会的习俗与价值当作人类普遍的行为规范与信仰。

在运用这一策略教学时,教师应该对跨文化交际中存在的现实问题进行着眼,以共时对比作为重点,不会考虑褒贬,克服那些片面的文化定型,避免用表面形式对丰富的文化内涵进行取代。也就是说,教师应该引导学生透过现象看本质,通过理性、客观的态度,对不同文化的异同加以分析。

第二,教师要为学生提供充足的空间与机会,让学生感受到中国传统文化的魅力。通过体验,可以将课堂环境与社会环境结合起来,加强文化与社会、学生与社会等之间的关联性,使学生在英语教学情境下不断体验与感悟,从而帮助学生形成文化理解力、文化认知力。

第三节 信息化背景下高校英语文化知识的混合式教学策略

一、为学生制作学习单

为了让学生运用自主学习模式,教师可以从具体的内容出发为学生设计学习单,帮助他们从教学大纲出发,对自己的自主学习活动进行展开。在设计学习单的时候,教师应该将学习内容、学习任务等列出来,学生在完成的过程中,要逐渐明确自己要学到什么,并发现了什么问题,从而实现知识的建构。

二、要求学生进行课外自主学习活动

教师应该将教学内容进行分解,将制作好的视频发布到网络上,引导学生制订出符合自己的学习计划。学生一方面可以利用学校提供的平台进行自主学习,另一方面还可以选择学习任务与内容。在选择时,学生应该从自身的知识情况出发,不仅要保证与自身需求相符合,还要保证自身对新知识能够吸收,实现新旧知识的融合和内化。

三、组织学生完成课内展示和谈论

学生完成了自主学习之后,教师在课堂上展开教学,当然不是教师主讲,而是教师指导、学生展示学习成果,学生之间、师生之间针对学习情况进行探讨与交流。显然,教师不再是教学的主体,而是充当了指导者的角色。与此同时,学生也能够积极参与其中,成为主要的知识建构者。

当然,课堂教学的形式也多种多样,一方面可以为学生提供展现自我的机会,分享自己对文化知识的掌握情况;另一方面也为学生提供了交流的平台,彼此探讨中西方文化,使他们真正地理解与接受不同文化之间的差异。

第八章 信息化背景下高校英语混合式教学模式中的师生与评价

在高校英语教学体系中,教师、学生、评价都是十分重要的组成要素。一直以来,专家、学者们在英语教学体系的研究过程中都免不了对这三种要素展开分析。在新的时代发展背景下,基于在线课程平台的高校英语混合式教学模式的应用自然也需要对教师、学生、评价这三种要素进行研究。为此,本章就对此展开分析。

第一节 信息化背景下高校英语混合式教学中教师的角色与专业能力

一、信息化背景下高校英语混合式教学中教师的角色

信息技术影响下的高校英语教学作为一种新兴的教学方式,有效促进了课堂教学效果的提高和教学目标的达成,实现了个性化学习,同时其对教师提出了新的要求,促进了教师角色的转变。具体而言,在信息技术影响下的高校英语教学中,高校英语教师的角色发生了显著的变化。信息技术影响下的高校英语教师角色让课堂更为有效、生动,教师做出了更多的引导和协助的工作,为学生提供了个性化学习感受和多样化学习方式,对英语课堂的顺利实施有着显著的促进作用。

说到角色,一般人会觉得其与身份、地位有关,认为角色是对

人们身份、地位的诠释。在当今社会,教师扮演着十分重要的角色,他们以各种方式调动与引导学生参与活动,并引导学生在自己设定的环境中展开探索。本节首先分析高校英语教师的传统角色,进而探究高校英语教师角色的转型。

(一)高校英语教师的传统角色

1. 语言知识的诠释者

高校英语教师是英语语言知识的诠释者,他们在开展课程教学之前,首先必须具备渊博的知识。简单来说,高校英语教师需要对英语专业知识有系统的、全面的把握,并能够从这些知识中分析出语言现象。一般来说,英语教师需要掌握的专业知识包括理论知识、语境知识、实践知识等,这些知识中囊括了语音、词汇、语法、语篇、文化等知识,高校英语教师只有掌握了这些知识,才能解决学生学习中遇到的实际问题,帮助学生提升自我,实现更好地语言输出。

2. 语言技能的传授者

除了英语知识,高校英语教师还需要掌握语言技能,并且将这些技能传授给学生。学生在学习语言的过程中,掌握语言知识是基本条件,而最终目的是为了提升自身的语言技能。一般来说,语言技能包含听、说、读、写、译五项。就语言的发展规律而言,听说居于重要地位,读写译其次,但就外语教育的角度而言,读写译居于重要地位,听说其次。这就说明大学英语课程教学的目标是让学生具备一定的读写译能力,而听说能力是实现读写译能力的前提与基础。高校英语教师要想能够提高教学质量,熟练地驾驭英语这门课程,就必须掌握这五项技能,并且保证五项技能的有机结合,从而提升学生的语言综合技能。

3. 课堂活动的组织者

无论是高校英语课程教学还是其他教学,课堂活动都是必不可少的一部分。在大学英语课程教学中，课堂教学是其重要的载体与媒介。高校英语教师要想提升自身的教学质量，必须要设计出合理的课堂活动，如辩论、对话、对话表演等，这些都是能够让学生参与其中的活动，让学生有真实的语言训练机会，提升自身的语言表达能力。在这之中，学生也会不断加深对英语语言知识与技能的印象，巩固自身的知识体系。

4. 教学方法的探求者

高校英语教师在英语课程教学中不能仅使用一种教学方法，应该承担起教学方法开发者与设计者的角色，创新教学方法，使教学课堂更多样有趣。与其他学科相比，高校英语课程教学具有极强的实践性，因此其与教学方法的关系更为密切，甚至教师对语言知识的分析、学生语言技能的掌握、教师课堂活动的组织等都需要考虑相应的教学方法。

很多学者对英语课程教学进行深入的研究，探索出了很多教学方法，如语法—翻译法、交际法、任务法、情境法等，这些教学方法各有利弊，高校英语教师需要考虑教学的实际情况以及学生的实际水平，选择适合自己的教学方法组织教学，有时候甚至需要多种方法并用，从而达到最佳的教学效果。

5. 多元文化的驾驭者

当今社会是一个多元化的社会，在多元文化背景下，高校英语教师对多元文化的驾驭能力对大学英语课程实施的好坏有着直接的影响，同时对学生的学习情况产生直接影响。多元文化背景下的高校英语教师应该具备多元文化教育观。随着世界逐渐成为一个地球村，文化矛盾必然存在，增进不同文化之间的理解显得十分重要。

在高校英语课程教学中，高校英语教师要明确多元文化教育观。正如班克斯所说，教师应该对教材进行谨慎的选择，消除各种存在文化偏见、文化歧视等内容的教材；选择一些视听材料、课外书籍,对教材加以补充,增进学生对其他族群的认知与了解;选择一些观点上保持一致的教材,避免出现使用一些本身存在认知冲突的教材;选择的教材要避免在概念、教学活动中掺加偏见成分。

另外,很多学生来自不同的地区,出于不同的文化背景,使用的语言也必然不同,因此教师需要考虑不同学生的特色,能够用双语进行转换,这样才能实现师生之间的有效交流。

6. 多元文化环境的创设者

学校的文化环境会对学生的学习产生影响。作为一种社会化机构,学校的目标、功能、管理等都属于主流文化,如果教师不知道如何对学校的教学环境进行塑造,就很难在家庭—社区—学校之间构建一个平衡点,很难让学生予以适应。因此,教师要努力创建多元文化教育环境。具体来说,可以从如下几点着手。

首先,师生之间要构建信任关系。师生间的人际关系对学生的成绩产生重要影响,文化差异的存在、教师的偏见容易造成师生之间的隔阂与误解。如果师生之间存在这种隔阂与误解,就会对学生的自我观念产生负面影响,让学生受到挫折,甚至孤立无援。

其次,教师要努力构建一种积极的家庭式氛围。教师要为学生提供一个尊重与关怀的环境,让学生领略到家庭语言与文化。教师要对学生的文化背景有充分的了解,不断搜寻相关的信息,并将这些相关信息自然地融入教学之中。

总之,教师只有充当一名多元文化者,才能对学生所处的文化环境有清楚的了解,对学生的文化价值观有清楚的把握。同时,教师只有从多种角度对文化加以理解,才能为每一位学生创造合适的教学策略与内容。

7. 中西文化差异的解释者

在多元文化背景下,高校英语教师充当了中西文化差异的解释者的角色。由于中西方文化传统不同，二者在价值观、思维模式上存在明显差异，而这些差异逐渐成为学生跨文化交际的障碍。

就社会文化角度而言，语言属于一种应用系统，具有独特的规范，是文化要素中的一项重要组成部分。因此，在大学英语课程教学中，高校英语教师除了要教授英语知识与技能，还需要囊括文化背景知识，实现英语知识、英语技能、文化背景知识三者的融合与补充。

就语言文化知识的内容而言，除了要教授本土文化知识，还需要讲授西方文化背景知识。中西方语言文化的差异性主要体现在风俗习惯、思维模式、价值观念等层面，而这些差异性在语言上有明显的呈现，因此高校英语教师应该充当中西方语言文化的解释者这一角色，将中西方语言的差异性解释给学生，让学生在了解这些差异的基础上掌握好英语语言。

需要指出的是，教师在充当中西方语言文化的解释者这一角色的时候，对中西方文化要保持中立态度。文化没有优劣之分，因此高校英语教师在选取素材时，应该尽量选择那些不会对其他文化造成伤害的素材，避免引导学生对某些文化产生偏见，从而使学生对不同的文化有清楚的认识。

8. 本土文化知识的传授者

前面提到高校英语教师应该对西方文化背景知识有清楚的了解，除此之外，他们还应该对本土文化有清楚的了解与认识，甚至需要成为本土文化的专家，挖掘本土文化所蕴含的特色与思维形式。高校英语教师既是知识的引导者，也是文化的传承者，他们应该以一个真诚的面孔展现在学生面前，将本土文化知识融入自己的课堂之中，与学生展开平等的交流，从而为大学英语课堂教学提供更为广阔的空间，同时构建和谐的师生关系。

教师要比其他人对本土文化知识有更敏锐的直觉，对本土文化知识的价值更注重保护与发展，并且懂得如何对学校所处社区的本土文化知识进行挖掘。在大学英语课程教学过程中,高校英语教师应该对学生在本土社会中获取的知识予以尊重,而不是一味地否定或者贬低。教师可以引导学生对本土文化知识与书本知识进行比较,培养学生将本土文化知识与书本知识紧密融合,从而创造出新的知识体系。

(二)信息化背景下高校英语混合式教学中教师角色的重新定位

在新形势下,信息技术迅猛发展,教师在技术、知识上所具备的权威性受到极大的挑战。在新环境下,高校英语教师对于知识传授者的角色是否有新的理解?是否对教师新的角色进行重新定位?教师自身的教学手段、角色观念是否感到不适?教师如何转变自我并适应这一环境?这些问题都说明,教师作为知识传授者的角色应该改变。

传统的高校英语教师所扮演的角色已经很难适应当今社会的需要。在这个多元化的社会,教育具有多样性,他们需要适应不同层次、不同族群人的需求。教师需要作为文化传承执行者的角色展现在人们的面前,他们通过间接的形式逐渐实现文化传递。只有具备多元文化教育观的教师,才能与多元文化社会教育相适应。也就是说,教师不再是知识的传授者与复制者这些简单的角色,而是被赋予了新的多样角色。下面就具体分析高校英语教师角色的转变。

1. 语言单元任务的设计者

要想实现单元主题目标,就必然需要对单元任务进行设计,这是高校英语教师的一项重要任务。学生通过教师设计的这些真实的任务,可以拓宽自己的语言知识面,还能够提升自身解决具体问题的能力。因此,在英语学习中,语言单元训练任务的设计是非常重要的。这要求教师应该在网上设计相应的单元任务,让学生在规定的时间内完成,最后提交完成任务的结果。通过这种方式,学生可以降低自身的压力,让他们愿意参与其中。

第八章　信息化背景下高校英语混合式教学模式中的师生与评价

另外,通过网络,学生可以根据自身的实际情况选择教师设计的任务,遇到问题时也可以与教师或其他同学进行网上交流,最后呈现自己的作品或观点。显然,这种方式不仅锻炼了学生的英语语言水平,还有助于提升学生的兴趣和积极性,加强人与人之间的交往与合作。

2. 有效主题教学模式的设计者

在新形势下,大学英语课程教学要求教师不断探求新的教学模式与方法。具体来说,高校英语教师不仅需要发挥网络的优势,还需要提升学生学习的效率。对此,高校英语教师在设计主题教学模式时,应该选择学生感兴趣的话题,并且整个教学模式都围绕这一主题开展,以小组合作讨论的形式完成任务,最后提交讨论结果。

当然,由于处于网络环境下,高校英语教师设计的每一个主题应该能让学生在网络上找到丰富的资料,包含这一主题的文化背景与发展动态,然后由学生进行总结与归纳,进而学生在网上进行讨论,这样的设计模式实际上帮助学生摆脱了课本的限制。

另外,在设计有效主题教学模式时,高校英语教师要尽量链接一些有效网址,帮助学生接触更多的国内外文化知识。高校英语教师还可以下载一些前沿性的资料,以吸引学生,提升他们的求知欲。当然,对于一些敏感性的话题,高校英语教师要进行正确指导,避免学生出现文化偏见。

3. 学生网络学习的帮助者

在大学英语课程教学中,网络能够起到监控的作用。通过网络监控,高校英语教师可以对学生的学习过程有所了解与把握,从而帮助学生实现自己的学习目标。高校英语教师是学生进行网络学习的帮助者,尤其对于差生而言,高校英语教师更是发挥了不可磨灭的作用,他们通过记录学生浏览网页的情况,了解学生是否参与其中,从而清楚学生在学习中遇到的困难,之后帮助学生解决实际的问题。

另外,由于不同的学生遇到的困难不同,因此高校英语教师应该给予分别指导,促进不同层次学生各自的进步。显然,高校英语教师对学生网络学习的帮助更具有人情味,不仅有助于提升优等生的水平,还有助于避免差生的畏惧心理,帮助不同层次的学生解决不同的问题,真正帮助他们实现有效的自主学习。

4. 在线学习系统的建立者和学生学习过程的监控调节者

网络为学生的英语学习提供了便利,而教师在这之中充当了调控学生学习、提供个别指导的作用,但在这之前,首先就需要建构一个完善的在线学习系统。在这一系统中,有教师与学生两个端口。学生通过填写自己的信息,向教师端提出申请,教师负责审核,使学生加入到这一系统中。

根据在线学习系统的导航提示,学生可以获取自身所需的资料,也可以下载下来。例如,某一在线学习系统可能包含"单元测试"与"家庭作业"两个项目,在"单元测试"中学生可以进行训练与测试,在"家庭作业"中学生可以提交自己的作业。之后,学生可以通过论坛、QQ等与教师进行讨论,实现网上交互。

二、信息化背景下高校英语混合式教学中教师的素质

(一)高校英语教师的基本素质

根据林崇德先生提出的"三层次五成分"教师素质观,从当前高校英语教师的基本情况考量,高校英语教师素质的内涵可以涉及如下几个层面。

1. 职业理想

教师的职业理想是教师从事教学工作的兴趣与动机的体现,是其献身于教学工作的原动力。在高校英语教学中,教师的职业

第八章　信息化背景下高校英语混合式教学模式中的师生与评价

理想表现为积极性、事业心、责任感,高校英语教师具备的崇高职业理想,是他们开展高校英语教学活动的有利层面。

2. 知识水平

教师所具备的知识水平是教师开展教学工作的前提。林崇德(2005)从功能角度出发,将教师的知识结构划分为四大部分:本体性知识、文化知识、实践知识、条件性知识。

3. 教育观念

教师的教育观念是他们在教学活动中形成的对教育现象的主体性认知,是从自身的心理背景出发进行的认知。一般来说,教育观念包含知识观、教育观、学习观、学生观等。

4. 监控能力

教师的监控能力指的是他们为了保证教学能够顺利实现预期目标,在教学过程中对其进行主动计划、检查与反馈等。具体来说,包括对课前教学的设计、对课堂进行管理与指导、对课堂信息进行反馈。事实上,教学监控能力是教师对其认知的调节与控制,是教师思维反省与反思的体现。

5. 教学策略与行为

教师的教学策略与行为是教师为了实现教学目标,从学生的特点出发,采用各种教学手段展开因材施教。在高校英语教学中,教师的教学策略与教学行为是教师根据不同学生的学习风格与水平差异,创造符合学生风格的课件,采用网络多媒体技术,将自身的教育思想与学生容易接受的方式完美的融合。

(二)信息化背景下高校英语混合式教学中教师的素质要求

1. 解读多元文化的能力

在跨文化教育背景下,教师需要具备对多元文化进行正确解读的能力,具体而言表现为如下三点。

(1)多元文化是一种历史事实

不同的文化具有差异性与多样性,这是人类文化从诞生开始所体现出来的一种客观存在。就历史角度而言,多元文化的差异性与多样性是一个不争的事实。就宏观的世界历史而言,早期有古希腊文化,中国有春秋战国文化、隋唐文化、明清文化等。这些都可以说明,历史时期不同,文化自然也不同。因此,多元文化是一种历史事实,指的是在一个地域、社会、区域等特定存在的、相互关联的却又具有独立文化特征的几种文化。

(2)多元文化是一种政治诉求

多元文化不仅是一种事实存在,还是一种价值存在,是人们在文化上所秉持观念的展现。多元文化源自不同族群在争取平等的经济、文化权益斗争的结果,是一种对经济、文化等平等的追求。多元文化不仅仅限于文化层面,而是包含了不同民族、不同族群的经济、社会等多种概念。

(3)多元文化是一种思维方式

就哲学意义而言,多元文化体现的是一种思维方式,对多元文化的理解就是对多元文化差异性、多样性的承认,并要认识到所有文化都应该是平等的,彼此之间会产生直接或者间接的影响。与之相对的认识就是对客观世界的认识,人们对其认识不应该从单一的角度出发,而应该从多个视角来认识和理解。多元文化这一思维方式打破了传统的一元的思维方式。

因此,多元文化不仅是一种历史事实、政治诉求,还是一种思维方式。教师应该对多元文化进行正确的解读,从多样的视角对不同文化予以尊重、学习与理解,不能毫无保留地全盘接受社会主流文化,对其他文化全盘否决,应该批判地看待不同文化。因此,教师在对多元文化的解读中应该持有平等、公正、多元的理念。

2. 以学生为中心的教学意识

在传统的高校英语教学模式中,教师在课堂上占据绝对的主

第八章　信息化背景下高校英语混合式教学模式中的师生与评价

体地位,他们是教学活动的掌控者、组织者,学生是被动地参与者。在这样的教学过程中,教师也不会意识到不同学生是存在差异的。即便教师注意到了这一点,大多数教师也会忽略。

实际上,在大学英语课堂中,所有的学生形成一个多元文化语境,他们来自不同的地区,具有不同的成长背景,这就使得他们有着不同的接受能力、不同的思维方式等。如果教师对所有学生都一视同仁,那么必然会削弱学生学习的积极性与主动性,也势必会导致教学效果不佳。

在跨文化教育背景下,教师应该"以学生为中心",教师自身的角色也应该发生改变,从原本对课堂的控制者转变为对学生英语学习的辅助者,同时对待每一位学生都应该持有平等、公平的姿态。教师要认识到不同学生的文化差异与多样性,对不同的学生采用不同的方法,使学生成为教学的主体,展现自身的个性,从而更好地在多元的环境中习得英语这门语言。

3. 信息化时代下的信息素质

随着科技的发展,人们认识到人才的高素质是一个民族强大的动力。在所有素质中,信息素质非常重要。因此,很多高校都十分重视学生信息素质的培养。但是,对于中国而言,信息素质教育起步较晚,直到教育信息化的实施,才在一些好的学校开设信息素质教育。对于在职的教师而言,信息素质教育根本未得到应有重视,甚至有的教师都不知道信息素质的含义。很多资料表明,我国高校教师的信息素质早已无法适应当今教育信息化对高等教育发展的需求,与发达国家相比,存在巨大差距。

三、信息化背景下高校英语混合式教学中教师的专业能力发展

信息技术影响下的高校英语教学对教师的专业能力提出了更高层次的要求,如何实现教师的专业化发展逐渐受到了人们的

关注。下面就从几点来探究信息技术影响下高校英语教师的发展途径。

（一）实行专业引领

当前，我国的高校英语教学在不断革新，先进的理念需要有骨干、研究者的带领，才能促进自身的专业发展。一般来说，教学专家、资深教师等都可以起到专业引领的作用。普通高校英语教师要向他们学习，接触先进的思想与经验，从而推动自身的专业化发展。

1. 专业引领的要求

其一，要将专家与普通教师的积极性与能动性发挥出来。不同的引领人员，他们的侧重点必然不一样。专家一般注重理论，因此在引领上注重理论与实践紧密结合。骨干教师侧重实践，因此在引领上注重具体操作。但是无论是哪一种，都要求具备较高的引领能力。

其二，高校英语教师要保证内容、目标等的正确，采用的方法要恰当。高校英语教师专业发展的总目标在于让他们能够对新知识、新信息予以把握，并且能够在这些新知识、新信息的基础上提升自身的专业素质。不同的高校英语教师存在着个体的差异，因此在专业发展、水平上也必然不同，因此在进行专业引领时，需要考虑不同教师的具体情况，对不同的教师制订与他们相符的方法，从而实现专业引领的合理性与有效性。

2. 专业引领与高校英语教师专业能力发展

从上述分析可知，专业引领对于高校英语教师专业能力发展非常重要，具体而言可以从如下几个层面着眼。

其一，阐述教学理念。就很大程度上而言，高校英语教师的教学行为往往会受到教学理念的影响，因此在专业引领中，专家、骨干教师等应该尽可能引导普通的高校英语教师熟悉与掌握教学理念,可以采用讲座或者报告等形式。

其二,共同拟定教学方案。当普通的高校英语教师对先进的理念进行掌握之后,专家、骨干教师应该与普通的高校英语教师共同探讨先进的教学方案。在这一过程中,专家、骨干教师不仅是引领者,还需要对普通的高校英语教师的教学设计提出建议、给予指导,从而让普通的高校英语教师的教学设计更为完善。在专家、骨干教师等的引领下,普通的高校英语教师能够顺利地制订出与教学理念相符的教学方案,并将这一方案付诸实践。

其三,指导教学实践尝试。当制订完教学方案之后,就需要将其付诸实践,从而对教学方案进行验证。在验证时,专家、骨干教师应该参与其中,对教师的教学行为进行记录,从而与具体的方案进行对比,找出差距。在教师结束课堂之后,专家、骨干教师与普通的高校英语教师进行分析与探讨,对教学方案进行修订,从而使方案更完善、更切合实际。

(二)提高专业意识

所谓教师的专业发展意识,指的是教师按照教师专业化的要求,对自己专业发展过程、目前专业发展状态、未来专业发展规划的系统化、理论化的认识。教师的专业意识是基于教师的自我意识、职业认同、动机的基础上产生与呈现的,其对于教师素质与能力的拓展起着重要的规划与导向作用。

要想提高高校英语教师的专业意识,首先就要掌握一定的方式、方法和策略,这是信息化教学能力培养的中观层面。在这一层面中,高校英语教师的职前培养、教学实践、在职培训、协作交流、自主学习等是最为主要的几个方面。

1. 进行职前和在职培养

高校英语教师信息化教学能力的发展是一个系统的过程,进行职前与在职培训是高校英语教师信息化教学能力发展的重要促进环节,两者是紧密结合的,通过职前培训,可以使高校英语教师系统掌握信息化教学技术的知识和能力,为下一步高校英语教师在高校英语教学过程中运用信息技术打下坚实的基础。通过在职培训,可以让高校英语教师及时学习最新的信息化教学技术,并可以与更多的高校英语教师进行沟通交流,从而提高自己的信息化教学能力。

2. 传统方式与网络方式相结合

在当今高校英语教学中,利用信息化技术进行高校英语教学时,也不要忽略了传统的高校英语教学方式,要将传统的教学方式与网络方式结合起来进行,教师在教学过程中要与学生进行不断的面对面地交流,不断提高自己的信息化教学能力。随着信息技术的不断发展,人们获取信息资源的渠道逐渐多元化,无论是知识的获取,还是教学经验的分享等都可以通过网络来获取。因此,将传统方式和网络方式结合起来能极大地提高高校英语教师的教学能力,从而促进高校英语教学质量的提升。

3. 自主学习与合作交流相结合

在信息技术教学背景下,高校英语教师要想具备一定的信息化教学能力,就需要通过不断地学习和提高,以适应不断发展和变化着的学校教育。在平时的工作中,高校英语教师可以通过自主学习掌握基本的信息化技术手段,与其他的高校英语教师进行沟通与合作,多参加一些与信息化教学有关的研讨课等,逐步提升自己的信息化教学能力。在面对面协作交流的过程中,要注重提高虚拟的、跨时空的协作交流能力。这对于高校英语教师掌握信息化技术,提高高校英语教学水平具有非常大的帮助。

4. 技术知识与实践应用相结合

信息化技术知识与能力主要是高校英语教师通过职前培训得到的,但需要注意的是,光掌握信息化技术知识还远远不够,还要具备一定的技术知识与实践应用相结合的能力。通过信息技

第八章　信息化背景下高校英语混合式教学模式中的师生与评价

术的培训,高校英语教师可以在学习中体验和模仿,强化对信息技术知识的实践应用。只有将技术知识与实践应用充分结合起来才能实现既定的学习目标。

信息化教学的技术手段有很多,作为一名高校英语教师,一定要学习和掌握基本的教学技术软件,尤其是对于一些年龄较大,不易接受新鲜事物的高校英语教师而言。在平时的信息化教学中,PPT演示文稿、多媒体教学软件等都是最为常用的技术,高校英语教师还要利用计算机搜集和掌握一些教学素材,不断提高自己的多媒体技术能力,从而不断提高自己的信息化教学能力。

随着现代信息化技术的不断发展,网络上出现了各种培训课程,其中有关网络技术的培训课程也是相当多的,这一部分课程既有免费的也有付费的,通常都有着较强的专业性,作为一名高校英语教师,尤其是信息化技术教学水平较差的教师,可以多参加一些网络技术课程的学习,从而提升自己的信息化教学能力。

第二节　信息化背景下高校英语混合式教学中学生的主体性与角色

一、信息化背景下高校英语混合式教学中学生的主体性

学生的主体性,是指在英语教学活动中,所有的教学设计和教学行为都是围绕学生而进行的,其处于英语教学的核心位置。学生在教学活动中的主体性与其主观能动性有着密切的关系,人的主体性是其个性发展的核心。一般而言,主体性越明显,学生对自己是为何而学习的理解程度就越深,这对于其更好地知道该如何去做,如何做得更好是有积极意义的。

(一)学生在英语教学中的地位

1. 学生是英语学习的主体

在英语教学过程中,教师和学生都是参与者,两者都是重要的主体,但是两者的主体所处的环境是不同的,教师是英语教学中起主导作用的主体,其主要职责在于"教",而学生则主要是为了"学",因此,在英语学习中,学生是主体。

2. 学生是英语教师的合作者

在英语教学中,教师和学生是直接参与的两个主体,同时,英语教学中有些项目动作是需要英语教师和学生共同来完成的,因此只靠教师的教是无法达到教学目的的,需要学生的配合,才能使教学活动顺利进行并保证教学效果。

3. 学生是英语文化的继承者和创造者

学生在英语学习过程中的一个重要学习任务就是不断汲取英语的相关知识,如英语文化知识,这样才能对英语的理解和感悟不断更新升华,形成创新性的英语文化。与此同时,学生在英语文化方面也要具有一定的创造力,通过不断地创造,来使所学的英语文化得到良好的传承和发展。

(二)学生主体性在英语教学中的体现

学生在英语教学中的主体地位是毋庸置疑的,苏霍姆林斯基"让每个学生都抬起头来走路"的教育信条,就将学生的主体性地位充分体现了出来。一般而言,英语教学活动中学生的主体性可以从以下几个方面得以体现。

1. 对教育影响的选择性

教师的教育影响并不能让学生全盘接受,只有那些与学生自身的特点和需求相符的教育影响,才能为学生所接受。学生有根据主体意识,积极地或消极地进行选择的权力。

2. 学习的独立性

学生本身具有个体化特征,这就决定了其在学习起点、学习的目标与追求、制约学习的个性心理特征等方面也有所差别。因此,就要求英语教学中教师要遵循因材施教原则。

3. 学习的主动性

学生学习活动的主动性、自觉性是学生学习主体性的本质体现,英语教师的教学活动要建立在学生对英语学习的自觉的、主动的、自我追求的基础上。

4. 学习的创造性

学生在英语教学任务的方式、方法、思路以及对问题的认识等方面的完成与实现,与教师所教的内容或方法并不是存在着完全的关系的,其中,也能将学生的一些创新性和创造性体现出来。因此,英语教师要在认同这种创造性的同时进一步给予鼓励。

(三)学生主体性发挥需要具备的条件

学生在英语教学中的主体性地位的重要性已经显而易见,那么要实现这种作用,需要具备的条件有哪些呢?

1. 教师的教授目标与学生的学习目标相协调

在英语教学中,英语教师首先要将"为什么教英语"的问题明确下来,要充分理解社会对英语教育的要求和期待,让学生最终能够获得理解能力、学习能力、领悟能力等。但是这些并不是全部,还要求英语教师将教授的目标转化成学生学习的目标,即我要理解、学习和领悟的内容有哪些。

2. 教师和学生共同拥有英语教材

这主要是指英语教师在明确了教学内容和教学的方法、手段的同时,要让学生明白其所要学习的内容和方法、手段。要使学生在学习过程中始终对所学内容的文化体系和技能体系有个概观,同时对本教材目标与总目标的关系、本教材的科学教程、本教材的重点、本教材的难点以及本教材与自己身心发展之间的连点等有充分的了解,只有这样师生才能真正实现英语教学的目标。

3. 教学情境应该自由民主

良好的教学情境对于英语教学的开展是有帮助的。因此,英语教师要做好这方面的创设,以此来对学生大胆的好奇和探索进行激发,诱发学生产生和提出各种各样的问题。民主性能够从尊重学生的人格,理解他们的学习基础和原谅他们在学习中的缺点和错误等方面得以体现。

4. 教师对学生的学习方法要足够重视

要充分发挥学生主体性,就必须让学生在"学习方法"上具有自注性和主动性。当前,英语教师的一个重要任务就是积极转变学生的学习方式,使多样化的学习方式逐渐取代单纯的、被动的学习方式。与此同时,英语教学中的"自主性学习"和"探究性学习"也要进一步加强。

二、信息化背景下高校英语混合式教学中学生的角色

在高校英语混合式教学中,应该是教师与学生共同构成课堂平衡,强调二者之间的合作与互动,从而使这一系统稳定持续发展。具体来说,学生主要有如下几个角色。

(一)课堂系统的主体者

课堂系统的构建是彼此相互促进、相互依存的结果。学校里

面的课堂系统一方面是要实现学生能力与知识的发展,促进学生在学校这一环境中能够自由全面健康的发展;另一方面,学校的课堂系统也是要实现教师的专业化发展。当然,促进学生的发展是主要方面。因此,在混合式教学中,学生应该被视作课堂系统的主体,应该以学生的可持续发展作为中心,通过促进学生的健康成长来实现整个课堂系统的和谐发展。

(二)自我学习的开拓者

当前,教师占据主导地位、学生占据主体地位已经被大多数认可。教师从成人的立场出发,通过较为成熟的世界观与人生观,对每一位学生的行为加以关注与了解,分析他们的具体需求。但是,对于学生而言,没有比自己对自己更了解,因此学生需要不断挖掘自身的需要,明确自己的发展方向。因此,在高校英语混合式教学过程中,学生应该成为自己学习的开拓者,选择自己的学习方向与目标,然后有规律、有计划地开展自己的学习,这样才能更好地掌握知识。

第三节 信息化背景下高校英语混合式教学中构建多元的评价体系

一、教学评价理论基础解析

(一)评价、评估与测试

很多人一提到评价,就将其与评估、测试等同起来,其实三者有着一定的区别与联系。简单来说,测试为评估与评价提供依据,评估为评价提供数据,评价是对教与学效果的整体评估。三者的关系可以表示为图8-1。

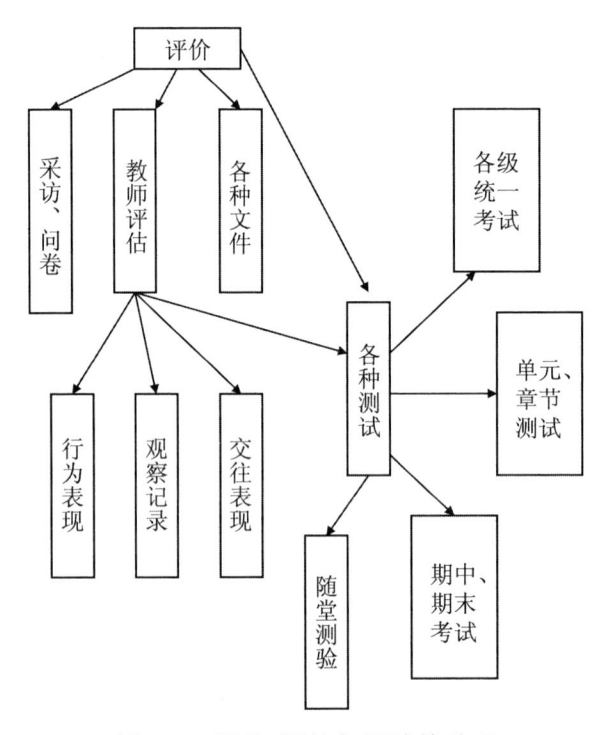

```
                    评价
         ┌───────────┼───────────┐
         ↓           ↓           ↓
    ┌────────┐  ┌────────┐  ┌────────┐      ┌────────┐
    │采访、  │  │教师评估│  │各种文件│      │各级统一│
    │问卷    │  │        │  │        │      │考试    │
    └────────┘  └────────┘  └────────┘      └────────┘
                    │                            ↑
         ┌──────────┼──────────┐                 │
         ↓          ↓          ↓             ┌────────┐
    ┌────────┐ ┌────────┐ ┌────────┐         │各种测试│→┌────────┐
    │行为表现│ │观察记录│ │交往表现│         │        │  │单元、  │
    │        │ │        │ │        │         │        │  │章节测试│
    └────────┘ └────────┘ └────────┘         └────────┘  └────────┘
                                                 │
                                          ┌──────┴──────┐
                                          ↓             ↓
                                     ┌────────┐   ┌────────┐
                                     │随堂测验│   │期中、  │
                                     │        │   │期末考试│
                                     └────────┘   └────────┘
```

图 8-1　评价、评估与测试的关系

(资料来源:黎茂昌、潘景丽,2011)

从图 8-1 中可知,三者有着紧密的联系,又有着明显的区别。就关系层面来说,三者体现了一种包含与层级的关系。测试充当其他两者的支撑信息。在包含与层级关系的同时,三者又存在明显的区别,具体表现为如下三个层面。

1. 目的层面

三者的目标不同。就某一程度来说,测试主要是为了满足家长、学校的需要,因为他们需要知道自己的孩子或学生的情况,与其他学校是否存在差距。当今社会仍旧以应试为主,因此测试为家长、学校提供了很多信息,也是家长、学校关心的事情。评估主要是为了教师、学生提供依据,如学习效果、学习中遇到的问题等,有助于教师提高教学的质量,也有助于学生提高自身的学习效率。

第八章　信息化背景下高校英语混合式教学模式中的师生与评价

评价有助于行政部门制定政策,对教学进行合理配置。可见,三者的作用不同,导致开展的范围与采用的方式也有明显的不同。

2. 数据信息层面

测试所收集的数据一般是学生的试卷信息,反映的也是学生的语言水平。从学生的语言运用能力来说,有些部分是无法用测试来评判的。评估可以划分为终结性评估与形成性评估两大类,前者依据的是测试,后者依据的是教与学的过程,注重学生对任务的完成、概念的理解等层面。当然,其依据更多的是定性分析,而不是定量分析。评价所依据的信息多为问卷、访谈、测试、教师评估等,是定量分析与定性分析的结合,是一种综合性评估。

3. 展示方式层面

测试的展示方式往往是考试,这在前面已经有所论述,最终结果也通过分数排序来展现。而相比之下,评估与评价往往是以鉴定描述或等级划分的方式展现出来。

(二)教学评价的界定

评价在人们的社会活动中广泛存在。有人认为,"评价是确定课程能否达到既定目标的一种手段。"也有人认为,"评价是运用不同的渠道,对学生的相关资料加以收集,并将这些收集的资料与预定的标准相比较,进而做出判断与决策的过程。"还有人认为,"评价是对相关信息进行收集、综合、分析,从而用这些信息促进课程的发展,对课程的效度、参与者的态度进行评定。"

但是,更多的人将评价等同于价值判断。就英语教与学来说,评价指的是学生能否达到某项能力,学生能够实现课程目标,教师的教学与学生的学习能否帮助学生实现既定目标的一种判断手段。

(三)教学评价的划分

由于评价的方式、内容等存在明显的差异,因此对评价的划分也有所不同,具体而言可以划分为如下几种。

1. 过程性评价与目标达成评价

所谓过程性评价,即在学习过程中,对学生的学习活动进行评价与判断,目的在于将学生的学习行为能否与学习目的相符解释出来,用于评判学生能否实现学习目标。评价的内容包含学习策略、阶段性成果、学习方式等。

目标达成评价既可以对课堂教学目标达成情况的评价,也可以是对单元学习目标达成情况的评价,还可以是对学期教学目标达成情况的评价,其包含理解类、知识类与应用类三种目标达成评价方式。理解类目标评价方式表现为解释与转化,往往会采用阅读理解、听力理解等方式,或对阅读文本、听力文本进行选择与匹配等。知识类目标评价方式主要表现为对知识掌握情况的评价,并采用再次确认的方式,一般选择填空都属于这类评价方式。应用类目标评价方式即采用输出表达的方法,要求学生根据阅读与听力材料,进行转述或表达。

2. 表现性评价与真实性评价

所谓表现性评价,是指让学生通过完成某一项或者某几项任务,将自身所掌握的知识与技能表现出来,从而对其获得的成就进行评价。简单来说,表现性评价就是通过对学生完成任务的表现情况及获得的成就进行的评价。表现性评价属于一种发展性评价,其核心在于通过学生完成现实的任务,将自身所掌握的知识与技能展现出来,从而促进自身学习的进一步发展。一般来说,表现性评价具有如下几点特征。

(1)属于教学过程的一部分,其要与课程教学相互整合。

(2)关注的是学生知识与技能的发展,而不是对知识与技能的再次确认与回忆。

(3)一般情境都是真实的,往往需要将现实学习中遇到的问题进行解决。

(4)学生需要完成的任务一般较为复杂,往往需要将多个学科的知识与技能相融合。

(5)对于学生的发散性思维是非常鼓励的,也允许不同的学生给出不同的答案。

(6)其是形成性评价与终结性评价的结合。

综合来说,表现性评价有助于对学生的学习过程与学习结果展开更真实、更直接的评价,能够将学生的文字、口头等表达能力以及想象力、应变能力等很好地展示出来,因此对于英语教学是非常适用的。

所谓真实性评价,是指基于真实的语境,对学生的表现进行评价,是一种要求学生完成真实任务之后,对自身所学知识与技能的掌握与运用情况进行的评价。与表现性评价相比,真实性评价更加强调真实,即任务的真实,一般来说其任务都是人们现实生活中遇到的问题。

真实性评价也具有表现性评价的那些特征,是表现性评价的一大目标。由于真实性评价要求评价成为教学过程的一个重要组成部分,因此真实性评价也具有形成性评价的特征。同时,真实性评价又注重任务的整体性与情境性,对终结性测试有很大的影响,因此真实性评价又具有了终结性评价的特征。可以说,真实性评价融合了多种评价手段,是多种有效评价手段的结合。

3. 形成性评价与终结性评价

所谓形成性评价,即在教与学的过程中,通过对信息进行收集与整合,进而促进教与学的发展。简单来说,形成性评价即在教学过程中,教师与学生获得反馈信息,对教与学加以改进,让学生真正地掌握知识的系统评价手段。一般来说,形成性评价具有如下几个特点。

(1)往往作为教与学的一部分而在教与学过程中呈现。

(2)不是将等级划分作为目标,而主要将指导、诊断、促进等作为目标。

(3)学生往往充当主体的作用参与其中。

(4)评价的依据是在各个情境下学生的表现。

(5)通过有效的反馈,教师确定学生的水平是否达到预期。

所谓终结性评价,是一种对教师的教学与学生的学习结果的评价,是在教学结束之后,对教与学目标实现程度所进行的评价。因此,其又可以称为"总结性评价"。从定义中可以看出,终结性评价往往出现在教与学结束之后,用于对目标达成情况进行的评价。因此,这一评价方式有时可以等同于之后要讲述的目标达成评价。

(四)英语教学评价的功能

英语教学评价能够不断促进学生在学习过程中的成功与进步,从而使学生能够真正地认识自我,促进他们综合能力的发展。另外,英语教学评价能够为教师提供反馈信息,从而不断改进自己的教学情况,提升自身的教学水平。总体而言,英语教学评价有如下几点功能。

1. 导向与促进

英语教学评价应该有助于英语教学目标的实现。我们知道,英语教学评价不仅需要评价学生对知识的掌握情况,还需要评价学生的学习态度、发展潜能等,只有通过综合性评价,学生才能在英语学习中保证积极的态度,从而形成有效的学习策略,并且具备跨文化的意识。英语教学评价应该为英语教学目标服务,这样就要求学生应该从目标出发,对自己的学习计划加以制订,并不断检验自己的学习方法与学习成果,这样才能将自身的潜力挖掘出来,提升自身的学习效率。因此,英语教学评价对于学生来说有着积极的导向作用。

英语教学评价会对学生日常学习表现、学生学习中获得的成绩、学生学习的情感与态度等展开评价,通过对学生学习的激励,可以帮助学生对自己的学习过程加以调度,让他们逐渐获得自信心与成就感,培养学生之间的合作精神。为了让评价与教学过程

第八章　信息化背景下高校英语混合式教学模式中的师生与评价

有机融合,学校与教师应该采用宽松、开放的评价氛围来评价学习活动与效果,可以建立相应的档案袋等,这样对教师与学生进行鼓励,从而实现评价的多元化。

2. 诊断与鉴定

英语教学评价对教与学的情况进行了整体评判。在教学过程中,学生往往会通过评价量表等对教师的教授情况、学生的学习情况展开检测,这样便于学校、教师、学生了解具体的教与学情况,判断学生学习过程中有无偏差,从而找到出现问题的原因,加以改进与提高。

3. 反馈与调节

师生通过问卷访谈等,发现教与学中的优点与不足,对教与学过程中的得失进行评价。通过评价,教师以科学的方式反馈给学生,促进学生建立更为全面与客观的认识,为下一阶段的教与学规划内容与策略,有效地开展教与学活动。

4. 展示与激励

英语教学评价对学生的学习过程是非常关注的,让学生认识到自身学习中的成功之处,不断鼓励自己,获得更大的成功。当然,教师还需要适当的提点学生学习中的错误,让他们产生一种焦虑感,从而更加勤奋地参与到英语学习中。这种正反鼓励方式,都会不断提升学生学习的主动性与积极性。

(五)英语教学评价的原则

在英语教学评价中,还需要坚持一定的原则,这样对于评价的实践有更好的指导意义。以这些评价原则为基准,教师才能更好地制订出与学生实际情况相符合的评价手段与方法。

1. 主体性原则

所谓主体性原则,即英语教学评价主体需要考虑教学价值主体本身——学生的需求,对教学价值客体进行评价。

在学习中,学生处于主体地位,但是传统的英语教学评价仅将教师作为核心地位,认为教师充当的是教育主体的地位,是知识的灌输者,而学生仅是知识的被动接受者,这样导致教学评价主要针对教师来说的,评价的内容也主要是教师的教学情况。表 8-1 是一个典型对教师评价的体现。

表 8-1 教师课堂教学评价表

项目	内容	权重	得分
教学目标	(1)是否体现明确的教学目标、教学大纲、教材的特点,是否与教学实际相符 (2)是否落实了教学知识点,是否培养了学生的能力 (3)是否将德育教育寓于知识教育之中	15	
教学内容	(1)教材的处理是否恰当,是否突出了重难点,是否突破了重难点 (2)教学组织是否有清楚的条理,是否简明扼要,是否准确严密,是否难度适中 (3)教学训练是否定向,是否有广度,是否保证强度适中	25	
教学方法	(1)教学的设计是否得当,是否体现了教学改革的精神,是否处理好主导与主体之间的关系问题 (2)教学是否有合理的结构,是否做到教学方法的灵活性,是否将各个环节分配恰当 (3)教学是否有开阔的思路,是否采用现代化的教学手段,是否能够将学生的学习兴趣激发出来 (4)教学是否注重学习方法与学习习惯的指导	25	

第八章　信息化背景下高校英语混合式教学模式中的师生与评价

续表

项目	内容	权重	得分
教学基本功	(1)教学中是否运用了清晰、生动、规范的语言 (2)教学中是否保证书写的清晰与特色鲜明 (3)教学中是否有自如的神态,保证大方得体	15	
教学效果	(1)教学中是否保证热烈的气氛,是否给学生留下了深刻的印象 (2)教学中是否能够面向全体同学,是否完成了教学任务,是否实现了良好的教学效果	20	
综合评价		总分:	等级:

(资料来源:任美琴,2012)

显然,从表 8-1 中可知这类评价主要是评价学生能否接受教师传授的知识以及接受的程度;评价学生的学习情况来对教师的教学内容与教学方法的合适程度进行审查;评价教师的学习策略是否得当等。简单来说,这种教学评价是为教师服务的,并没有展现出学生的主体地位。

当前的教学强调有效教学,即发挥学生的认知主体地位,因此教学评价的对象需要从以教师为主导转向以学生为主体,对学生学习情况的评价内容与手段应该从单一转向多元,如对学生学习动机、学习兴趣等都可以进行评价。基于此,教学评价的对象才能转向学生,当然这里并不是说不对教师进行评价,只是说以学生的评价为着眼点,为学生创造更多适合学生学习的环境,且对教师的评定标准也是考虑学生来制订的。因此,主体性原则要求将学生作为评价主体,即评价活动以学生的发展作为目标,评价设计要有助于学生的多元化、个性化发展,发挥学生的主观能动作用,帮助学生形成积极的态度,同时不能损害学生的自尊心,要对学生予以爱护与尊重。

学目标而不断进行的评价。

（3）总结性评价，指在教学活动告一段落后，为了解教学活动的最终效果而进行的评价。

（二）支持混合式教学模式的评价活动

混合式教学模式的教学评价关注的是对学生学习情况的鉴定、调节。通过混合式教学模式的评价，教师能够了解学生真正的学习难点，从而以此指导课内教学活动的设计。混合式教学模式的评价也非常关注学生的学习过程，如学习安排、学生的问题选择、独立学习表现、小组学习表现、结果表达和成果展示等。混合式教学模式中常用的评价形式主要有以下几种。

1. 在线测试

在线测试主要是通过网络技术进行学习效果的检测。网络平台能自动收集学生的测试结果，并能自动完成测试批改和分析等工作。根据混合式教学模式的学习目标，可以采用的在线测试形式有低风险的自我评价、在线测验等。

（1）低风险的自我评价。它主要用来帮助学生判断自身对自主学习内容的理解程度，是一种能快速反馈的评价方式。

（2）在线测验。它以单项选择、多项选择和填空题为形式，主要考察学生对学习内容的识记和理解。

2. 课堂概念测试

这是一种简短、具有针对性的非正式学习评价方式，通常针对一个知识点设置1~5道多选题，学生通过举手、举指示牌或选择器回答问题。概念测试的主要目的在于获得学生对当前讲述知识点的理解程度，以便教师进行教学调整，这是一种低风险的评价方式。

3. 概念图评价

概念图是一种用节点代表概念，用连线表示概念间关系的图示法。它能反映出学生的思维与知识点之间的关系。例如,教师可以针对课外学习内容给出一份不完整的概念图,让学生填补空缺的概念及概念间的逻辑关系,以此了解学生对所学概念的理解程度,并适当地安排进一步的教学活动加深学生对某些薄弱概念的理解。

4. 同伴评价

同伴评价是由合作学习的同伴针对学习者做出的评价。它有利于学习者更好地参与到小组学习活动中,能够培养学习者的合作精神。

(三)混合式教学模式常用的评价工具

教学评价往往借助于评价工具来收集资料。以下是混合式教学模式评价常用的一些工具。

1. 结构化观察表格

结构化观察是人们通过感觉器官或借助一定的仪器,有目的地对自然状态下的现象进行考察的一种方法。这种方法主要用来收集学生的学习行为反应信息。表8-2是用于观察学生在课堂中出现不集中注意行为的表格。

表8-2 学生出现不集中注意行为的观察记录表

	0～5	5～10	10～15	15～20	20～25	25～30	30～35	35～40
S1								
S2								
S3								
S4								
……								
Sm								

(资料来源:柯清超,2016)

2. 态度量表

态度量表是针对某件事物而设计的问卷。被试者对问卷所作的反应,反映了被试者对某事物的态度倾向。态度量表主要用来收集学生的学习态度反应信息。表8-3是为了了解学生对课堂教学的态度所设计的量表,针对的问题是"您对该节课感不感兴趣?"

表8-3 态度量表设计实例

很感兴趣	感兴趣	不感兴趣	很不感兴趣

(资料来源:柯清超,2016)

3. 形成性练习

形成性练习是以各种形式考核学生对本学习单元的基本知识的掌握程度。如表8-4是一个形成性练习设计实例。

表8-4 形成性练习设计实例

知识点	学习水平	题目内容
什么是限制性定语从句?	理解	判断(正确就打√,错误就打×) It is Mount Tai that lies in Shandong Province.

(资料来源:柯清超,2016)

4. 同伴互评量规

同伴互评是开展合作活动常用的过程性评价,其实施可以借助类似表8-5的互评量规进行。

第八章　信息化背景下高校英语混合式教学模式中的师生与评价

表 8-5　小组活动互评表

评价内容		较满意	满意	很满意
我觉得 我们组	1. 自觉完成了教师布置的任务。			
	2. 与伙伴们相处融洽。			
	3. 我们组学到了一些知识。			
其他同学认 为我们组	1. 能自觉完成教师布置的任务。			
	2. 大部分时间里提出的意见对小组有帮助。			
	3. 对我们组的总体表现是喜欢的。			
老师夸 我们组	1. 乐于完成学习任务。			
	2. 在活动中积极表现自己的想法。			
	3. 喜欢与其他组沟通交流。			
我们组 得到了	颗星			

（资料来源：柯清超，2016）

参考文献

[1]蔡基刚.中国大学英语教学路在何方[M].上海:上海交通大学出版社,2012.

[2]陈浩东等.翻译心理学[M].北京:北京大学出版社,2013.

[3]陈坚林.计算机网络与外语课程的整合——一项基于大学英语教学改革的研究[M].上海:上海外语教育出版社,2010.

[4]陈俊森,樊葳葳,钟华.跨文化交际与外语教学[M].武汉:华中科技大学出版社,2006.

[5]程晓堂,孙晓慧.英语教材分析与设计[M].北京:外语教学与研究出版社,2011.

[6]辞海编辑委员会.辞海[M].上海:上海辞书出版社,1980.

[7]崔刚,孔宪遂.英语教学十六讲[M].北京:清华大学出版社,2009.

[8]崔长青.英语写作技巧[M].北京:中国书籍出版社,2010.

[9]段忠玉,林静,吴德.翻转课堂模式中的英语案例教学研究[M].北京:中国书籍出版社,2016.

[10]樊永仙.英语教学理论探讨与实践应用[M].北京:冶金工业出版社,2009.

[11]冯莉.大学英语语法教学理论与实践[M].长春:吉林出版集团有限责任公司,2009.

[12]何广铿.英语教学法教程:理论与实践[M].广州:暨南大学出版社,2011.

[13]何少庆.英语教学策略理论与实践应用[M].杭州:浙江大学出版社,2010.

[14]何自然,冉永平.新编语用学概论[M].北京:北京大学出版社,2009.

[15]胡春洞.英语教学法[M].北京:高等教育出版社,1990.

[16]胡文仲.高校基础英语教学[M].北京:外语教学与研究出版社,2006.

[17]胡壮麟,朱永生,张德禄,李战子.系统功能语言学概论(修订版)[M].北京:北京大学出版社,2008.

[18]黄国文,辛志英.系统功能语言学研究现状和发展趋势[M].北京:外语教学与研究出版社,2012.

[19]黄荣怀.信息技术与教育[M].北京:北京师范大学出版社,2002.

[20]黄荣怀.移动学习——理论·现状·趋势[M]北京:科学出版社,2008.

[21]贾冠杰.英语教学基础理论[M].上海:上海外语教育出版社,2010.

[22]教育部高等教育司.大学英语课程教学要求[M].上海:外语教学与研究出版社,2007.

[23]康莉.跨文化视角下的大学英语教学:困境与突破[M].北京:中国社会科学出版社,2014.

[24]黎茂昌,潘景丽.新课程小学英语教学理论与实践[M].成都:四川大学出版社,2011.

[25]李成学,罗茂全.教师的素质与形象[M].四川:四川教育出版社,2001.

[26]李庭芗.英语教学法[M].北京:高等教育出版社,1983.

[27]李学爱.跨文化交流:中西方交往的习俗和语言[M].天津:天津大学出版社,2007.

[28]李雁冰.课程评价论[M].上海:上海教育出版社,2002.

[29]李正栓,郝惠珍.中国语境下英语教师教育与发展研究[M].保定:河北大学出版社,2009.

[30]刘润清,韩宝成.语言测试和它的方法(第2版)[M].北

东友谊出版社,2014.

[62]张豪锋.教育信息化与教师专业发展[M].北京:科学出版社,2008.

[63]张红玲.跨文化外语教学[M].上海:上海外语教育出版社,2007.

[64]张红玲等.网络外语教学理论与设计[M].上海:上海外语教育出版社,2010.

[65]张鑫.英语教学的理论与实践[M].北京:知识产权出版社,2012.

[66]章兼中.英语课程与教学论[M].福州:福建教育出版社,2016.

[67]郑茗元,汪莹.网络环境与大学英语课程的整合化教学模式概论[M].北京:中国水利水电出版社,2015.

[68]朱旭东.教师专业发展理论研究[M].北京:北京师范大学出版社,2011.

[69]苟巧丽.多媒体教学环境下大学英语教师角色的研究[D].重庆:四川外语学院,2012.

[70]何薇.学英语词汇教学研究——以贵阳学院为例[D].重庆:西南大学,2009.

[71]黄慧.建构主义视角下的大学英语语法教学研究[D].上海:上海外国语大学,2007.

[72]李志文.网络教学资源建设与应用[D].济南:山东师范大学,2003.

[73]刘三灵.网络时代高校英语教师素质研究[D].长沙:湖南农业大学,2008.

[74]卢凤龙.语境理论在高中英语词汇教学中的应用研究[D].济南:山东师范大学,2013.

[75]毛婷婷.基于网络资源平台的翻转课堂在初中英语语法教学中的应用研究[D].江苏:苏州大学,2017.

[76]闵婕.思维导图在高中英语阅读教学中的应用研究[D].

聊城:聊城大学,2017.

[77]牟必聪.翻转课堂理念下高中英语词汇教学的设计与实践[D].上海:华东师范大学,2018.

[78]商利民.教师专业学习共同体研究[D].广州:华南师范大学,2005.

[79]孙先洪.信息技术与大学英语课程整合中的教师计算机自我效能研究——基于聊城大学大学英语教学改革的实践[D].上海:上海外国语大学,2013.

[80]王雷.体验式学习在初中英语教学中的应用研究[D].长春:东北师范大学,2007.

[81]吴芳芳.高中学生英语词汇能力的培养——基于任务型教学模式的实证研究[D].武汉:华中师范大学,2011.

[82]张海倩.基于语境理论的高中英语词汇教学研究[D].重庆:重庆师范大学,2012.

[83]赵富春.大学英语口语探究式教学研究[D].南京:南京航空航天大学,2010.

[84]周方源.语境理论在大学英语词汇教学中的应用研究[D].呼和浩特:内蒙古师范大学,2013.

[85]敖冰峰,杨扬.关于多媒体网络教学的研究[J].应用能源技术,2006(9).

[86]陈新汉.自我评价活动论纲[J].北京师范大学学报(社会科学版),2007(1).

[87]单中惠.杜威的反思性思维与教学理论探析[J].清华大学教育研究,2002(1).

[88]邓道宣,江世勇.略论中学英语语法教学的原则和方法[J].外国语文论丛,2018(8).

[89]付英.基于网络传媒的大学英语教学现状分析及应对策略[J].媒介教育,2012(16).

[90]傅静玲.英汉思维差异与语态选择[J].安徽文学(下半月),2008(10).

[91]郭淑英,赵琼.大学英语自主学习学生自我评估调查研究[J].黄石理工学院学报,2008(1).

[92]何克抗.教学设计理论与方法研究评论[J].电化教育研究,1998(2).

[93]何震.从英汉语态中看中西文化差异[J].学周刊,2016(9).

[94]胡铁生,黄明燕,李民.我国微课发展的三个阶段及其启示[J].远程教育杂志,2013(4).

[95]霍玉秀.基于"项目式学习"模式与学生综合能力的培养[J].语文学刊·外语教育教学,2013(11).

[96]焦建利.微课及其应用与影响[J].中小学信息技术,2014(4).

[97]黎加厚.微课的含义与发展[J].中小学信息技术,2013(4).

[98]李波.图式理论在商务语篇阅读教学中的应用——以商务英语阅读教学为例[J].教育探索,2012(2).

[99]李松林,李文林.教学活动理论的系统考察与方法论反思[J].外国中小学教育,2008(1).

[100]梁为.基于虚拟环境的体验式网络学习空间设计与实现[J].中国电化教育,2014(3).

[101]林崇德,申继亮,辛涛.教师素质的构成及其培养途径[J].中国教育学刊,1996(6).

[102]刘建达.学生英文写作能力的自我评估[J].现代外语,2002(3).

[103]刘梦雪.通过自我评估训练促进自主式英语学习的实证研究[J].疯狂英语(教师版),2009(4).

[104]楼荷英,寮菲.大学英语教师的教学信念与教学行为的关系——定性与定量分析研究[J].外语教学与研究,2005(4).

[105]楼荷英.自我评估同辈评估与培养自主学习能力之间的关系[J].外语教学,2005(4).

[106]潘燕.浅析中西方文化差异对英语教学的影响[J].高校之窗,2008(6).

[107]庞国维.论体验式学习[J].全球教育展望,2011(6).

参考文献

[108]彭睿.大学英语听力水平影响因素及对策[J].安阳工学院学报,2019(1).

[109]齐春燕.诚信及诚信教育的概念初探[J].内蒙古农业大学学报(社会科学版),2008(1).

[110]钱旭升,靳玉乐.教师个体专业发展与教师群体专业发展[J].教育科学,2007(8).

[111]曲爽,马永辉.多元文化语境下的外语教师自身素质发展[J].教书育人,2010(36).

[112]任冰,朱秀芝.试析多元文化视域下大学英语教师的角色定位[J].黑龙江高教研究,2013(3).

[113]邵敏.大学英语听力教学实践与研究[J].课程教育研究,2018(48).

[114]宋惠兰.论教育信息化与高校教师的信息素质培养[J].图书馆论坛,2003(1).

[115]苏小兵、管珏琪、钱冬明、祝智庭.微课概念辨析及其教学应用研究[J].中国电化教育,2014(7).

[116]陶卫红.大学英语教学中的合作原则[J].西安外国语学院学报,2004(4).

[117]滕星.教学评价若干理论问题探究[J].民族教育研究,1991(2).

[118]汪晓东,张晨婧仔."翻转课堂"在大学教学中的应用研究——以教育技术学专业英语课程为例[J].现代教育技术,2013(8).

[119]王利梅.试论需求分析与英语教学[J].上海工程技术大学教育研究,2008(3).

[120]王露璐.高校教师师德问题研究综述[J].道德与文明,2006(1).

[121]魏亚琴.新课程下学生评价方式的变革——浅谈表现性评价[J].辽宁教育行政学院学报,2004(110).

[122]沃建中.教师素质对学生心理的影响[J].广西右江民族师专学报,2001(9).

[123]夏纪梅.大学英语教师的外语教育观念、知识、能力、科研现状与进修情况调查结果报告[J].外语界,2002(5).

[124]肖川.补一补方法论的课[J].青年教师,2008(2).

[125]肖君.英语词汇教学中文化差异现象浅析[J].四川教育学院学报,2007(5).

[126]肖亮荣,俞真.论计算机网络技术给大学英语教学带来的机遇和挑战[J].外语研究,2002(5).

[127]谢大滔.体验式教学在大学英语自主学习中的应用[J].教育探索,2012(9).

[128]熊沐清,邓达.叙事教学法论纲[J].外国语文,2010(6).

[129]杨惠元.课堂教学评估的作用、原则和方法[J].汉语学习,2004(5).

[130]杨忠,张绍杰,谢江巍.大学英语教师的科研现状与问题分析[J].外语教学,2001(6).

[131]翟莉娟,王翠梅.从认知策略看英语词汇学习[J].科学文汇,2008(11).

[132]张晓君,李雅琴,王浩宇,丁雪梅.认知负荷理论视角下的微课程多媒体课件设计[J].现代教育技术,2014(2).

[133]张忠魁.电影配音在口语教学中的尝试[J].上海工程技术大学教育研究,2012(2).

[134]周树江.论英语教学中的真实性原则[J].黑龙江高教研究,2007(6).

[135]周燕.高校英语教师发展需求调查与研究[J].外语教学与研究,2005(3).

[136]朱艳华.通过自我评估培养非英语专业大学生自主学习能力[J].黑龙江教育学院学报,2009(8).

[137]AlFally,I.The role of some selected psychological and personality traits of the rater in the accuracy of self-and peer assessment [J].*System*,2004(3).

[138]B.Tuckman.*Evaluating Instructional Programs*[M].

Boston:Allyn & Bason Inc.,1979.

[139]Cronbach,L.J.An analysis of techniques for diagnostic vocabulary testing[J].*Journal of Educational Research*,1942(36).

[140]Harmer,J.*The Practice of English Language Teaching*.[M].London:Longman,1990.

[141]Hatch,Evelyn and Brown,Cheryl.*Vocabulary*,*Semantics and Language*[M].Beijing:Foreign Language Teaching and Research Press,2001.

[142]Hatch,Evelyn and Brown,Cheryl.*Vocabulary*,*Semantics and Language*[M].Beijing:Foreign Language Teaching and Research Press,2001.

[143]K.Montgomery.*Authentic Assessment:A Guide for Elementary Teachers*[M].Beijing:China Light Industry Press,2004.

[144]Lewis,M.*Second Language Vocabulary Acquisition*[M].Cambridge:Cambridge University Press,1997.

[145]Meara,P.The dimensions of lexical competence[A].In G.Brown,K.Malmkjaer and J.Williams (eds.) *Competence and Performance in Language Learning*[C].Cambridge:Cambridge University Press,1996.

[146]Nation,ISP.*Teaching and Learning Vocabulary*[M].New York:Newbury House,1990.

[147]Nunan,D.*Second Language Teaching and Learning*[M].Beijing:Foreign Language Teaching and Research Press,2001.

[148]Richards,J.C.& R.Schmidt.*Longman Dictionary of Language Teaching and Applied Linguistics*[M].London,UK:Longman,2002.

[149]Richards,J.C.The Role of Vocabulary teaching [J].*TESOL Quarterly*,1976(10).

[150]Rubin,J.An Overview to "A Guide for the Teaching of Second Language Listening"[A].*A Guide for the Teaching of*

Second Language Listening[C].D.Mendelsohn & J. Rubin.San Diego,CA:Dominie Press,1995.

[151] Stern H H. *Fundamental Concepts of Language Teaching*[M].Oxford:Oxford University Press,1983.

[152]Ur P.*Grammar Practice Activities:A Practical Guide for Teachers*[M].Cambridge:Cambridge University Press,1988.

[153]Wilkins,David A.*Linguistics in Language Teaching*[M].Cambridge:MIT Press,1972.

总　结

在新时代,以互联网普及应用为标志的信息化浪潮席卷全球,迅速地改变着人类社会的生产、生活以及思维方式,也改变着人们的学习方式与教育方式。在信息技术的催化下,教育面临着巨大的发展与变革。如何抓住机遇,抢占国际教育竞争的制高点,以信息化促进教育的现代化,是我们当前面临的重大机遇和崭新课题。

很多学者认为,信息技术教育应该分为古代信息技术教育、近代信息技术教育、现代信息技术教育或分为传统信息技术教育和现代信息技术教育,这实际上是不规范的,也就是说不能以明确的时代划分作为对信息技术教育的界定标准。有学者指出,信息技术教育作为一门新兴学科,其发展起来也是近几十年的事,现代教育理论和现代科技成果是信息技术教育得以发展的重要基础,所以不需要以传统和现代为标准来划分教育技术。

随着信息时代的到来以及信息技术的高速发展,人们已经普遍接受了"信息技术教育"一词,我国信息技术教育学术界指出,现代的信息技术教育指的是以现代信息技术为核心技术、在现代教育思想和方法及学习心理学成果的指导下进行的教育技术研究与实践活动。在信息技术教育还没有大量出现之前,信息技术教育的发展主要是依赖教育理论与媒体技术,当时产生的信息技术教育与现代信息技术教育是有区别的。可见,信息技术教育的内涵与信息化、信息技术、信息时代密切相关。

从本质上说,教育的过程是由信息的产生、选择、存储、传输、转换以及分配等一系列环节组成的系统工程。在这个工程中所采用的多媒体技术、电子技术、信息处理技术、网络通信技术等各种先进技术都属于信息技术。在教育中引进这些信息技术，可使信息传播速度更快，教学效率更高。当今社会，知识迅速增长，在这个环境下，教学效率备受重视，教学质量的提高首先需要提高教学效率。

在信息化背景下，众多学者对高校英语教学进行了研究与探索，并取得了可喜的理论成果，教育者将这些理论成果应用到教学实践中，逐渐形成了多种多样的新型教学模式。其中，混合式教学模式是当前教育学界比较推崇的一种。混合式教学打破了以往单纯的教师教、学生学的教学流程，结合线上、线下多种有效教学资源，可以有效提升学习者的学习效率。

本书在介绍了高校英语教学、信息技术与高校英语教学相关理论知识的基础上，详细研究了信息化背景下高校英语教学中的基本知识、基本技能的混合式教学，紧跟时代发展的步伐，内容新颖，可帮助教育领域的教师、研究者更新教学理念，促进教学实践，有效提升教学效果。

总体而言，整本书力求立论新颖、论证严谨，希望起到抛砖引玉的作用，以引起广大学者、教师的注意，共同为我国高校英语教育事业的发展尽一份力。